{ 디플로도쿠스 }

{ 오프탈모사우루스 }

{ 파키케팔로사우루스 }

Bone Collection

뼈로 푸는 과학 공룡뼈

{ 알로사우루스 }

{ 안항구에라 }

글 롭 콜슨
역사 속 전쟁 이야기부터 자연사, 수학, 과학, 날씨에 관한 주제까지 다양한 분야에 걸쳐 책을 쓰고 있어요.
책을 만드는 편집자이기도 해요.

그림 엘리자베스 그레이
어린이 책에 그림을 그리고 있어요. 《뼈로 푸는 과학 시리즈_동물뼈》와 《뼈로 푸는 과학 시리즈_공룡뼈》에
등장하는 동물과 공룡 뼈들을 아주 꼼꼼하고 섬세하게 그렸어요. 특히 검은색 바탕의 뼈들을 금방이라도
튀어나올 것처럼 입체감 있게 표현했어요.

그림 스티브 커크
영국의 메이드스톤 예술 대학교에서 그림을 공부했어요. 공룡 전문 일러스트레이터라 불릴 만큼 공룡 그림을 많이 그렸으며,
정확하고 생생한 그림으로 인정받고 있지요. 그린 책으로는 《잠자는 공룡을 깨워라!》 《공룡의 신비 시리즈》 등이 있어요.

옮김 이정모
연세대학교에서 생화학과를 졸업하고, 같은 학교 대학원에서 석사 학위를 받았어요.
이후 독일 본 대학교 화학과에서 '곤충과 식물의 커뮤니케이션'을 연구했어요.
현재는 서대문자연사박물관 관장으로 일하고 있으며, 열정적으로 과학 책을 쓰고 번역하는 일을 하고 있어요.
쓴 책으로는 《나는야 초능력자 미생물》 《달력과 권력》 《과학 완전정복》 등이 있고,
옮긴 책으로는 《제이크의 뼈 박물관》 《인간, 우리는 누구인가?》 《매드 사이언스 북》
《마법의 용광로》 《놀라운 우리 몸 이야기》 등이 있어요.

뼈로 푸는 과학 공룡뼈

글쓴이 | 롭 콜슨   그린이 | 엘리자베스 그레이·스티브 커크   옮김 | 이정모
펴낸이 | 곽미순   기획·편집 | 김하나 김연정   디자인 | 김윤희
펴낸곳 | 한울림어린이   편집 | 이은영 윤도경 김하나 김연정   디자인 | 김민서   마케팅 | 공태훈 심혜정   관리 | 김영석
등록 | 2004년 4월 12일(제318-2004-000032호)   주소 | 서울시 영등포구 당산로54길 11 래미안당산1차 A 상가
대표전화 | 02-2635-1400   팩스 | 02-2635-1415   홈페이지 | www.inbumo.com   블로그 | blog.naver.com/hanulimkids
첫판 1쇄 펴낸날 | 2016년 1월 5일
ISBN 978-89-98465-50-6 74490
       978-89-98465-51-3 (세트)
이 도서의 국립중앙도서관 출판예정도서목록(CIP)은 서지정보유통지원시스템 홈페이지(http://seoji.nl.go.kr)와
국가자료공동목록시스템(http://www.nl.go.kr/kolisnet)에서 이용하실 수 있습니다. (CIP제어번호 : CIP2015006004)
*잘못된 책은 바꾸어 드립니다.

Bone Collection: Dinosaurs and other prehistoric animals
Written by Rob Colson, Illustrated by Elizabeth Gray and Steve Kirk and Designed by Malcolm Parchment, Sian Williams and Jonathan Vipond
Copyright © 2015 Marshall Editions, A Quarto Group Company
Korean translation copyright © Hanulimkids Publishing Co. 2015
All rights reserved.

This Korean edition is published by arrangement with with Marshall Editions, a member of the Quarto Group through
Bookmaru Korea literary agency in Seoul.
이 책의 한국어판 저작권은 북마루코리아를 통해 Marshall Editions, a member of the Quarto Group과 독점 계약한
도서출판 한울림어린이에 있습니다. 신저작권법에 의해 한국내에서 보호를 받는 저작물이므로 무단 전재와 복제를 금합니다.

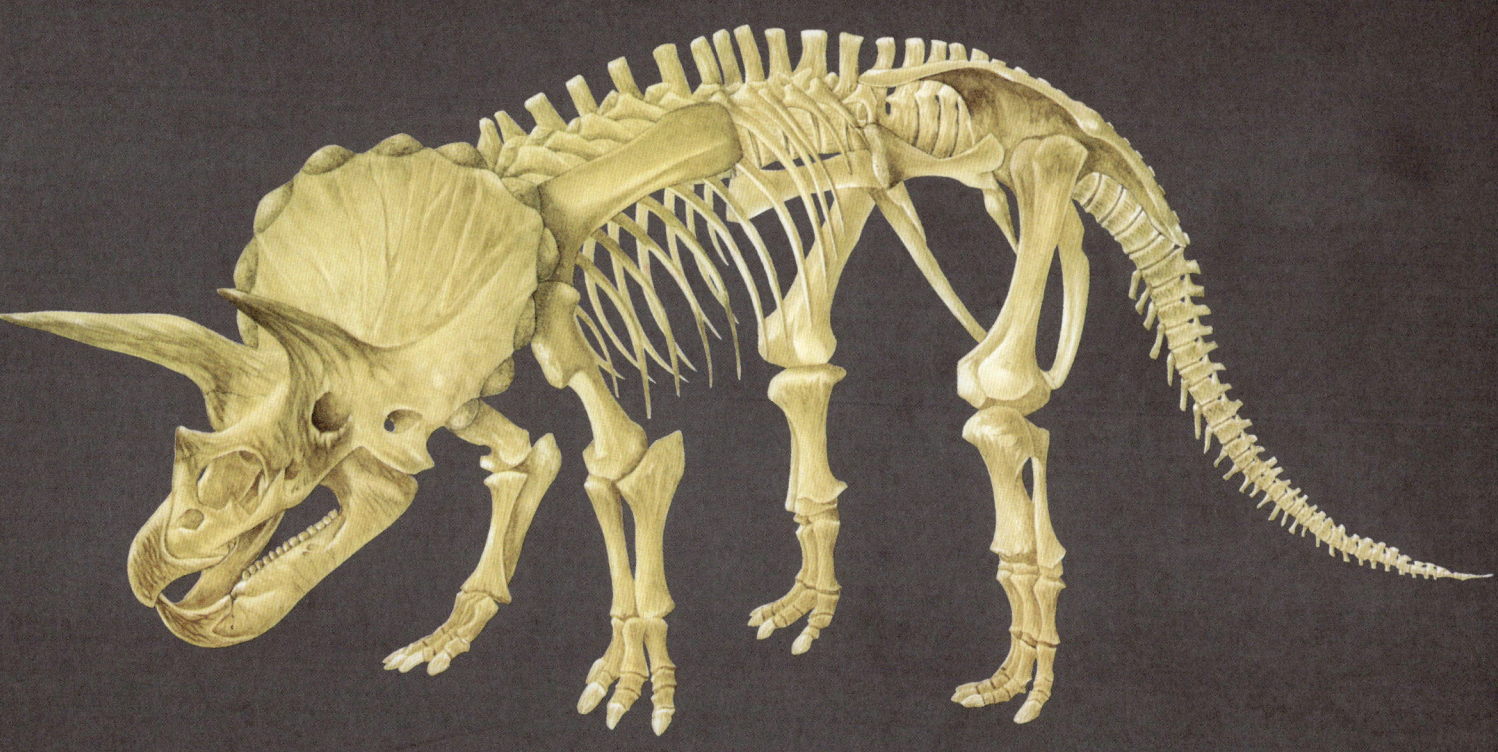

Bone Collection
뼈로 푸는 과학 공룡뼈

글 롭 콜슨 그림 엘리자베스 그레이·스티브 커크 옮김 이정모(서대문자연사박물관 관장)

한울림어린이

차례

들어가는 말	5
공룡 이전의 생명	6-7
초기 육지 동물	8-9
오르니톨레스테스	10-11
작은 포식자	12-13
갈리미무스	14-15
타조 공룡	16-17
드로마에오사우루스	18-19
드로마에오사우루스류	20-21
이구아노돈	22-23
이구아노돈트	24-25
람베오사우루스	26-27
오리 주둥이 공룡	28-29
스테고사우루스	30-31
골판 달린 공룡	32-33
티라노사우루스	34-35
티라노사우루스류	36-37
기간토사우루스	38-39
거대한 포식자 공룡	40-41
알로사우루스	42-43
초기 육식 공룡	44-45
프시타코사우루스	46-47
원시 뿔공룡	48-49
트리케라톱스	50-51
볏공룡	52-53
안킬로사우루스	54-55
안킬로사우루스류	56-57
파키케팔로사우루스	58-59
후두류 공룡	60-61
디플로도쿠스	62-63
목 긴 공룡	64-65
안항구에라	66-67
익룡	68-69
오프탈모사우루스	70-71
어룡	72-73
플레시오사우루스	74-75
수장룡	76-77
시조새	78-79
초기 조류	80-81
스밀로돈	82-83
큰 이빨의 사냥꾼	84-85
긴털매머드	86-87
매머드와 원시 코끼리	88-89
연대표	90-91
화석	92-93
용어 해설	94-95
찾아보기	96

들어가는 말

{ 가스토르니스 }

1억 5,000만 년 전, 우리 지구를 지배한 것은 바로 거대한 파충류들이었어. 상상이 가니?
땅 위에서는 공룡이 포효하고, 하늘에는 익룡이 날아다니고, 플레시오사우루스와 이크티오사우루스가 바닷속을 헤엄쳐 다니는 모습 말이야.

{ 크로노사우루스 }

그런데 6,600만 년 전, 그 거대한 동물들이 하루아침에 모두 사라졌어. 갑자기 변한 기후에 적응하지 못했기 때문이야.
새와 포유류 같은 동물들이 살아남아 그 동물들의 자리를 차지했지.
역사가 글자로 기록되기 전, 그러니까 선사 시대의 동물들은 화석으로 남아 있어. 그 덕분에 우리가 그 동물들에 대해 알 수 있는 거야.
새로운 화석이 발견될 때마다 우리는 놀랍고 신비로운 생명체에 대해 다시 생각하게 돼. 과학자들은 화석을 보면서 그 생명체가 어떻게 생겼고, 어떻게 생활했는지 알아내지.
그럼 지금부터 공룡과 선사 시대 동물들의 뼈를 관찰해 보자. 이 책을 다 읽고 나면 그 동물들이 어떻게 살았고, 또 어떻게 죽었는지 알게 될 거야!

{ 안킬로사우루스 }

{ 공룡과 선사 시대 동물 뼈 표본 부록_공룡 이전의 생명 }

공룡 이전의 생명

35억 년 전, 지구에 생명이 탄생했어. 최초의 생명체는 아주 작은 단세포 미생물로, 따뜻한 바다에 살았어.
세포란 생명을 이루는 기본 단위야. 우리의 몸도 수많은 세포로 이루어져 있지.
단세포 미생물은 세포 하나로 이루어진 아주 작은 생물로, 너무너무 작아서 맨눈으로는 볼 수 없어. 거의 30억 년 동안 지구에는 이런 생명체밖에 없었어.
그러다가 약 6억 년 전에야 다세포 생명이 나타났지.
최초의 동물도 바로 이때 태어났어.

작다고 무시하지 마. 내가 최고 어른이야!

단세포 박테리아는 가장 단순한 형태의 생명이야. 길이가 5마이크로미터밖에 안 돼. 박테리아는 지구에 맨 먼저 나타난 생명인데 아직도 지구에 가장 많이 살고 있지.

초기 어류

약 5억 년 전, 최초로 물고기처럼 생긴 생명체가 지구에 나타났어. 이들 초기 어류는 턱과 이빨이 없어서 '무악어류'라고 해. 사카밤바스피스가 무악어류에 속해.

엔도세라스
사카밤바스피스
스트릭토포렐라
삼엽충
산호

캄브리아기 폭발

5억 4,100만 년 전에 시작되어 8,000만 년 동안 지속된 시기를 '캄브리아기'라고 불러. 이 시기에 갑작스럽게 많은 생명체들이 지구에 등장했어. 그것도 아주 폭발적으로 말이야. 그래서 이를 두고 '캄브리아기 폭발'이라고 하지. 왜 이런 일이 일어나게 되었는지는 아직 밝혀지지 않았어.

바다전갈
바다전갈은 4억 년 전에 처음 등장했어. 이 포식 동물 중 큰 종은 거의 1.8미터까지 자랐지.

삼엽충

캄브리아기 폭발 초기에 출현한 삼엽충은 전 세계 모든 바다에 살았을 정도로 많았어. 지금까지 알려진 종류만 해도 1만 7,000가지가 넘지. 나뭇잎처럼 납작한 모양에, 몸이 선명하게 세 부분으로 구분되어 '삼엽충(三葉蟲)'이라고 불러. 단단한 등껍질과 거기에 연결된 다리를 보면 오늘날의 게나 가재와 먼 친척뻘이라는 걸 알 수 있지.

{ 삼엽충 화석이야. 나뭇잎 같기도 하고 가재 같기도 해. }

나우틸로이드

시클로네마

프로미시움

스트로포메나

사방산호

{ 공룡과 선사 시대 동물 뼈 표본 부록_초기 육지 동물 }

초기 육지 동물

생명의 역사는 크게 고생대, 중생대, 신생대로 이어져 왔는데, 우린 최초의 생명부터 고생대까지를 살펴볼 거야. 고생대는 세포가 아닌 동물이 나타나고 번성한 시기야. 캄브리아기부터 오르도비스기, 실루리아기, 데본기, 석탄기, 페름기까지 총 여섯 시기로 구분되지. 3억 3,000만 년 전, 데본기에는 식물이 번성해서 숲이 열대 지방까지 퍼져 나갔어. 숲 속에는 여러 종류의 네 발 달린 척추동물이 살았는데, 초기 양서류와 파충류를 꼭 닮은 모습이었지. 거대한 거미와 곤충들도 이 시기에 등장했어.

석탄이 만들어진 석탄기

숲이 많았던 시기를 '석탄기'라고 해. '석탄이 만들어진 시대'라는 뜻이야. 이 시기에 번성했던 식물들이 땅에 떨어져 땅속에 묻히고, 그 속에서 아주 오랜 시간 동안 열과 압력을 받으면서 점차 석탄으로 변한 것이지.

디메트로돈의 다리는 파충류처럼 몸통 옆으로 뻗어 있어.

초기 양서류

양서류는 물속과 땅 위를 오가며 사는 동물로, 어류에서 진화했어. 땅 위에서도 숨 쉴 수 있는 단순한 기능의 허파도 생겨났지. 그렇지만 최초의 양서류는 대부분의 시간을 물속에서 보냈고, 짝짓기를 할 때는 반드시 물로 돌아갔어.
왼쪽 화석 사진의 주인공이 바로 초기 양서류야!

{ 미국 오하이오 석탄기 지층에서 발견된 초기 양서류 화석 }

{ 공룡뼈 표본 1 }

오르니톨레스테스

오르니톨레스테스는 약 1억 5,000만 년 전에 살았던 민첩한 사냥꾼이야.
이 공룡은 몸집이 작은 편이어서 무게도 많이 나가지 않았어.
눈이 큰 것으로 보아 시력이 아주 좋았을 거야.
아마 캄캄한 밤에도 사냥할 수 있었겠지.

유연한 등뼈

강한 목

머리뼈에 있는 커다란 눈구멍을 보면
눈이 얼마나 큰지 알 수 있어.

손가락과 손톱
손에는 긴 손가락 두 개와
짧은 손가락 하나가 있었어.
손톱으로 먹잇감을 쥐었지.

손톱이 달린 손가락

팔꿈치가 안으로 굽어서
손으로 먹이를 잡을 수 있어.

긴 발가락

날렵한 사냥꾼
주로 도마뱀 같은 날쌔고 작은 동물들이
오르니톨레스테스의 먹잇감이 되었어.
두 다리로 빠르고 날렵하게 달려 두 팔로 먹잇감을 붙잡은 다음,
날카로운 이빨과 강력한 턱으로 뜯어먹었을 거야.

달릴 때는 꼬리를
높이 쳐들었어.

꼬리
꼬리가 전체 몸길이의
절반이나 차지해.

무리 지어 사냥하기

어떤 과학자들은 오르니톨레스테스가
무리를 지어 다니며 사냥했을 거라고 생각해.
상대가 자기보다 몸집이 큰
새끼 캄프토사우루스라 해도 문제없었어.
이빨이 날카롭고 뾰족한 데다 턱 힘까지 센
오르니톨레스테스가 서로 협력한다면
그런 커다란 먹잇감도 얼마든지
사냥할 수 있었을 테니까.

달리기 좋은 다리
오르니톨레스테스는 가벼운 뒷다리뼈에
길고 날씬한 발가락뼈까지,
빨리 달리기에 좋은 조건을 갖추고 있었지.

날카로운 발톱

난 새 도둑이 아니야!

오르니톨레스테스는
'새 도둑'이란 뜻이야.
이 공룡이 새를 사냥했을
거라고 생각해서 붙인
이름이지. 그런데 사실
이 공룡이 살던 시대는
지구 상에 새가 나타나기
전이니까, 사실은 잘못 붙인
이름이지 뭐야!

오르니톨레스테스는 길이 1.8미터,
몸무게 11.5킬로그램 정도였어.

{ 공룡뼈 표본 1_공룡 보고서 }

작은 포식자

공룡은 지금까지 지구에 살았던 생명체 중에 가장 커.
하지만 앞에서 살펴본 오르니톨레스테스처럼 아주 작은 공룡도
있었어. 특히 살토푸스 같은 공룡은 겨우 닭 정도 크기에
몸무게가 1킬로그램도 채 안 되었지.

새? 아냐! 이 몸은 깃털 달린 공룡!

프로타르카이옵테릭스는 가슴과 앞다리,
꼬리가 2.5센티미터 길이의 솜털로 덮여 있었어.
앞다리와 꼬리 끝에는 기다란 깃털 뭉치도
자라 있었고. 겉모습은 새와 꼭 닮았지?
하지만 이렇게 깃털이 있어도
날지는 못했어.
새가 아니라
공룡이니까!

골고루 먹기
이 작은 포식자는
편식을 하지 않았어.
도마뱀, 개구리 같은
양서류와 작은 포유류,
곤충까지 먹어치웠지.

짧은 팔

가벼운 몸으로 날쌔게 달리기

먹이를 찾아 헤매는 듯 예리해진 오른쪽 공룡을 좀 봐.
바로 칠면조만 한 공룡, 콤프소그나투스야. 두 발로 빠르게 달릴 수 있는
포식자였지. 마치 오늘날의 새처럼 뼛속이 비어서 몸이 가벼웠거든.
목과 꼬리, 정강이까지 길어서 날쌔게 달릴 수 있었어.
짧은 팔에는 집게처럼 생긴 손가락이 있어 먹이를 쥐기 좋았지.

양팔에 있는
강한 손톱

{ 머리뼈 }

길고 좁은 머리뼈
콤프소그나투스의 머리뼈는 길고 좁아. 하지만 눈구멍은 아주 크지. 눈이 커서 빨리 움직이는 먹잇감도 정확히 볼 수 있었어.

비밀의 살토푸스
살토푸스는 작은 뼛조각만 발견된 상태여서 아직은 알려진 게 별로 없는 비밀의 공룡이야.

작고 날카로운 이빨

콤프소그나투스

잘 보존된 콤프소그나투스 화석 두 개가 발견되었어. 화석이 된 콤프소그나투스의 위에서 도마뱀 뼈도 함께 발견됐지. 이것으로 미루어 콤프소그나투스가 무엇을 먹고 살았는지 짐작할 수 있어. 1억 5,000만 년 전, 숲이 우거진 섬이나 석호 주변에 살았다는 사실도!

{ 완전한 화석 }

{ 공룡뼈 표본 2 }

갈리미무스

가슴우리(흉곽)

엉덩뼈

꼬리뼈

갈라미무스는 '수각류'에 속하는 공룡이야.
수각류는 두 발로 걸으며 날카로운 이빨로 사냥하는
육식 공룡을 뜻해. 아마 드넓은 평원을 떼지어 다니면서
먹이를 찾았을 거야. 그런데 갈리미무스는 머리가 작고
이빨이 없어. 이것은 먹이를 통째로 삼켰다는 뜻이지.
갈리미무스는 수각류 중에서도 전체적인 생김새가
타조를 닮은 '타조 공룡' 가운데 하나였어.

골반

길고 가벼운 다리

달리기에 알맞은 몸

갈리미무스는 달리는 속도가 엄청나게 빨랐어.
다리가 길고 발가락이 짧아서 달리기에 아주
좋은 조건이었거든. 달릴 때는 꼬리를 수평으로
쫙 펴서 몸의 균형을 잡았지.
팔은 아마 솜털로 덮여 있었을 거야.

짧은 발가락

14

재빨리 달아나기

갈리미무스는 항상 타르보사우루스 같은 포식자가 근처에 있는지 살펴야 했어. 최선의 방어 무기는 재빨리 도망치는 능력이었지.

커다란 눈구멍

이빨이 없는 입

어깨

목뼈

길고 유연한 목은 작고 가벼운 머리를 받치고 있어.

타조처럼 큰 눈

갈리미무스는 타조처럼 얼굴 양쪽에 큰 눈이 있어서 멀리서 다가오는 포식자를 쉽게 발견할 수 있었어.

가느다란 손

갈리미무스의 손에는 손톱이 나 있는 손가락이 세 개씩 있었어. 이 손가락으로 나뭇가지를 아래로 잡아당겨서 잎을 먹을 수 있었지.

손톱

갈리미무스의 몸길이는 4.5미터였어. 타조의 두 배쯤 되는 크기지.

편식은 하지 않아!

갈리미무스는 약 7,000만 년 전 동아시아에서 살았어. 아마도 식물성 먹이를 먹었을 거야. 수각류 공룡이 웬 나뭇잎에 식물성 먹이냐고? 갈리미무스는 아무거나 다 먹는 잡식성이었거든. 그러니 도마뱀이나 개구리 같은 작은 동물도 먹었겠지.

15

{ 공룡뼈 표본 2_공룡 보고서 }

타조 공룡

타조 공룡들은 모든 공룡 가운데 가장 빨랐어.
타조처럼 긴 다리를 이용해 시속 65킬로미터가 넘는 속도로 달렸지.
덕분에 자신을 공격하려는 다른 공룡들로부터 재빨리 도망칠 수 있었어.

달리기 선수 타조 공룡

모든 타조 공룡 가운데 오르니토미무스의 다리가 가장 길어. 그래서 아마 백악기 공룡들 중에서 제일 빨랐을 거야. 시속 80킬로미터 정도의 속도였을 거라 추측하지.

{ 오르니토미무스는 북아메리카 평원에 살았어. }

스트루티오미무스

타조의 스피드에 담긴 비밀은 바로 다리에 있는 근육이야. 이 근육 덕분에 타조 공룡 스트루티오미무스도 타조처럼 통통 튀면서 달릴 수 있었겠지. 이렇게 뛰면 에너지가 절약되기 때문에 멀리 달릴 수 있었어. 포식자에게 쫓기더라도 한참을 달리면 결국 쫓아오던 포식자가 먼저 지쳐서 포기했을 거야.

{ 타조 공룡 스트루티오미무스(오른쪽)의 다리는 타조(왼쪽)처럼 길고 근육질이었어. }

날쌘해서 빠른 공룡
엘라프로사우루스는 약 1억 5,000만 년 전 쥐라기에 살았던 가벼운 공룡이야.
많은 과학자들은 다리가 길고 몸이 날씬한 이 공룡이 당시 가장 빨랐을 거라고 생각해.

소화를 돕는 돌
몇몇 타조 공룡의 위장에서 돌들이 발견되었어. 이것을 '위석'이라고 해. 공룡들은 돌을 일부러 삼켰어. 위 속에 들어간 돌들은 질기고 거친 잎을 갈아 소화되기 쉽게 만들어 주었지.

≪ 피부는 솜털로 덮여 있었을 거야.

강력한 넓적다리 근육이 ≫ 기다란 다리에 힘을 주었어.

타조 공룡은 소화를 돕기 위해 돌을 삼켰어.

{ 공룡뼈 표본 3 }

드로마에오사우루스

드로마에오사우루스는 약 7,000만 년 전, 북아메리카에 살았던 공룡이야. 이 작지만 사나운 사냥꾼에게는 강력한 무기가 있었어. 다름 아닌 양발의 두 번째 발가락에 있는 갈고리 모양의 긴 발톱과 날카로운 이빨, 그리고 강력하게 씹는 턱 힘이었지.

{ 드로마에오사우루스는 두 발로 걷던 공룡이야. }

강력한 꼬리 근육 덕분에 꼬리를 곧추세울 수 있어.

균형 잡는 꼬리
공룡은 달릴 때 긴 꼬리를 들어 올려서 균형을 잡았어. 마치 치타처럼 말이야. 드로마에오사우루스는 시속 65킬로미터의 속력을 낼 수 있었지.

내 발톱은 후크 선장 갈고리!
드로마에오사우루스는 사냥할 때 땅에서 폴짝 뛰어서 먹잇감을 덮쳤어. 그러고는 갈고리 모양의 날카로운 발톱으로 먹잇감의 살을 찢었지.

드로마에오사우루스는 코끝에서 꼬리 끝까지 길이가 1.8미터였어.

드로마에오사우루스류

드로마에오사우루스류의 공룡들은 빠르고 날렵한 사냥꾼이야.
약 1억 년 전, 전 세계에 널리 퍼져 살았지. 가장 오래된 드로마에오사우루스류
화석은 1억 6,000만 년보다도 전에 만들어진 거야. 깃털 흔적이 있는 화석이
발견되면서 드로마에오사우루스류 공룡들의 몸이 깃털로 덮여 있었다는
사실을 알게 되었지.

배고프면? 땅굴 팔 시간!

약 7,000만 년 전 북아메리카에 살았던
드로마에오사우루스류 공룡 가운데 하나인
사우로르니톨레스테스는 발톱으로 땅굴을 파서
포유류를 잡아먹었어.

벨로키랍토르
공룡 중에 뇌가 가장 커.
이들은 아주 똑똑하고
위험한 공룡이었어.
빠른 데다가 강하기도 했거든.
제아무리 덩치 큰 공룡이라도
벨로키랍토르는 결코
만만한 상대가 아니었어.

미끄러지듯 날기

드로마에오사루우스류 공룡이 하늘을 날았을 거라고 믿는 과학자도 있어.
라호나비스의 화석을 보면, 어쩌면 이 공룡들에겐 커다란 깃털과 비행하는 데
필요한 강한 근육이 있었던 것 같기도 해.
미크로랍토르 같은 드로마에우사우루스류 공룡들은 깃털이 달린 날개로
나무에서 나무로 날아다니긴 했어. 단순히 미끄러져 내려가는 정도였지만.

데이노니쿠스

과학자들은 드로마에오사우루스류에 속하는 데이노니쿠스 화석을 본 뒤, 공룡에 대해 다시 생각하게 됐어. 데이노니쿠스를 보고 처음으로 재빠르고 날렵한 공룡도 있었다는 사실을 밝혀냈거든. 그 전까지 생각해 온 것처럼 모든 공룡이 느린 것은 아니라는 사실을 알게 된 거야.

{ 다른 드로마에오사우루스류처럼 데이노니쿠스는 낫처럼 생긴 발톱을 재빨리 회전시켜서 먹이를 단단히 움켜쥘 수 있었어. }

자신을 죽이려고 하는 사냥꾼과 싸우는 프로토케라톱스

{ 데이노니쿠스 발톱 }

싸우는 모양이 찍힌 화석

1971년, 몽골의 고비 사막에서 화석이 하나 발견되었어. 먹잇감과 싸우고 있는 벨로키랍토르의 모습이 찍혀 있는 화석이었지. 벨로키랍토르는 프로토케라톱스의 목구멍에 발톱을 박고 있고, 그런 벨로키랍토르의 팔을 프로토케라톱스가 물고 있는 모습이었어. 바로 옆의 그림처럼 말이야.

갈고리 모양 발톱을 먹잇감에 박은 벨로키랍토르

{ 공룡뼈 표본 4 }

이구아노돈

1809년, 영국에서 이구아노돈의 정강뼈가 발견되었을 때 모두들 거대한 포유류의 뼈인 줄 알았어. 한참 뒤에야 공룡의 뼈라는 게 밝혀졌지.

엄지에 돋은 가시
이구아노돈의 양손 엄지에는 날카로운 가시가 있어. 이것으로 자신을 공격하는 포식자의 눈을 찔렀을 거야.

엄지 가시 ↗

↙ 손가락이 다섯 개 달린 손

굵고 강한 다리
어마어마한 몸무게를 견딜 수 있을 정도로 이구아노돈의 다리뼈는 굵고 강했어.

발굽처럼 생긴 발톱 ↘

{ 이구아노돈은 네 발로도, 두 발로도 걸을 수 있었어. }

이구아노돈의 몸길이는 9미터이고 몸무게는 4.5톤이야.

이구아노돈 무리
1억 2,800만 년 전에서 1억 1,000만 년 전까지 유럽 전역에서 이구아노돈 무리는 아주 흔했어.

복잡하게 얽힌 힘줄이 등뼈를 더 강하게 해 주었어.

꼬리 근육은 꼬리 위아래에 있는 가시들에 붙어 있었어.

널리 퍼져나간 공룡
이구아노돈은 남아메리카에서 북극권까지 세계 곳곳에서 발견되었어. 이구아노돈은 거대한 초식 공룡 가운데 지구 상에 가장 널리 퍼진 공룡인 이구아노돈트의 한 종류야.

두 발로 걸을 때는 무거운 꼬리가 뻣뻣하게 펴졌어.

꼬리 끝부분에 달린 V자 모양의 뼈가 꼬리를 보호해 주었지.

← 골반뼈

발자국 화석
영국 남부의 암석에서 이구아노돈의 발자국이 발견되었어. 이 발자국은 이구아노돈이 무리를 지어서 두 발로 걸어 다녔다는 사실을 보여 주는 증거야.

{ 공룡뼈 표본 4_공룡 보고서 }

이구아노돈트

이구아노돈트는 덤불과 나무 사이를 어슬렁거리며 돌아다녔던 거대한 초식 공룡이야. 이구아노돈트의 전성기는 약 1억 1,000만 년 전으로, 전 세계가 주무대였지.

두 발이냐, 네 발이냐
처음에 과학자들은 이구아노돈트들이 요즘 살고 있는 이구아나처럼 네 발로 걸어 다녔다고 생각했어. 하지만 앞다리가 뒷다리보다 짧은 데다가 꼬리가 뻣뻣하고 무겁다는 사실이 밝혀졌지. 그 결과 이구아노돈트들이 꼬리로 균형을 잡으며 길고 튼튼한 뒷발로 걸어다닐 수도 있었을 거라는 추측을 할 수 있게 되었어.

등에 있는 커다란 지느러미는 강한 근육을 지탱해 줘.

두 공룡의 생김새를 닮은 공룡
프로박트로사우루스는 이구아노돈트와 뒤에 나올 하드로사우루스를 합쳐 놓은 것처럼 생긴 초식 공룡이야. 이구아노돈트처럼 손가락이 5개이고, 하드로사우루스처럼 주둥이가 넓적하고 평평하지.

사르코수쿠스는 오우라노사우루스와 함께 살았던 고대 악어의 친척이야.

{ 프로박트로사우루스는 몸길이가 5.5미터, 몸무게는 1톤이 조금 넘는 공룡이야. }

무타부라사우루스

무타부라사우루스는 오스트레일리아에서 발견된 공룡 중 하나야. 이구아노돈과 비슷하게 생겼지만 콧구멍이 훨씬 커. 몸집도 이구아노돈보다 조금 작지. 큰 콧구멍이 머리 위쪽으로 불쑥 솟아올라 있는 것으로 보아 아마 냄새로 먹이를 찾고 코로 소리를 내기도 했던 것 같아.

오우라노사우루스가 웅덩이에서 물을 마시고 있어.

등에 달린 커다란 돛

오우라노사우루스 등에는 배의 돛처럼 생긴 커다란 지느러미가 있어. 육식 공룡인 스피노사우루스에게도 비슷한 게 있지. 등에 달린 지느러미 역시 엄지 가시처럼 이구아노돈트의 특징 중 하나야.

{ 공룡뼈 표본 5 }

람베오사우루스

크고 억센 공룡인 람베오사우루스는 7,600만 년 전에 북아메리카에서 살았어. '오리 주둥이 공룡'이라고도 하고 '하드로사우루스'라고도 하는 초식 공룡이지. 딱딱한 각질로 덮여 있는 주둥이로 식물 끝에 달린 이파리들을 훑어 먹었어.

유연하고 긴 목
람베오사우루스는 네 발로 키 작은 식물 사이를 어슬렁거렸지. 강한 근육이 붙은 유연하고 긴 목을 움직여서 먹이를 구했어. 람베로사우루스는 자신의 목 덕분에 무거운 몸을 이끌고 멀리 돌아다니지 않고도 먹이를 구할 수 있었어.

속이 빈 볏은 큰 울음소리로 짝을 부르는 데 쓰였을 거야.

단단한 뿔이 평평한 부리를 보호해 줬어.

앞발

람베오사우루스의 몸길이는 9미터이고 무게는 3톤이야.

새의 골반과 닮은 구조의 골반

여기에 꼬리 근육이 붙어 있었어.

무거운 꼬리

평생 동안 자라는 이빨

람베오사우루스는 입 뒤쪽에 줄지어 난 이빨로 식물을 으깨서 먹을 수 있었어. 이빨들이 닳아 없어지면 새로운 이빨이 자랐지. 평생 동안 말이야. 마치 오늘날의 코끼리 이빨처럼!

네 발로 서기

이 뼈대를 보면 람베오사우루스가 네 발로 섰다는 것을 알 수 있어. 포식자에게서 도망칠 때는 두 개의 뒷다리로만 서서 움직일 수 있었지.

굵은 다리뼈

뼈로 된 가시가 볏의 뒤쪽을 향해 나 있었어.

발가락 끝에는 굽처럼 생긴 발톱이 있어서 걷기 편리했어.

{ 공룡뼈 표본 5_공룡 보고서 }

오리 주둥이 공룡

코리토사우루스는 목을 뒤로 젖혀서 큰 소리를 내.

오리 주둥이를 한 하드로사우루스는 자손을 널리 퍼뜨리는 데 성공한 공룡이야. 초식 공룡 중에서는 비교적 큰 종에 속하고, 이빨이 잘 발달되어 있었지. 중앙아시아에서 진화했지만 곧 북반구 전체에 퍼져 나가면서 이구아노돈트를 쫓아냈어. 심지어 북극 지역에서도 번성했다고 해.

{ 알에서 깨어나고 있는 새끼 마이오사우라 화석 }

새끼를 돌보는 어미

마이오사우라 같은 오리 주둥이 공룡들은 집단으로 둥지를 만들었어. 어미들은 땅을 파고 둥지를 만든 뒤 거기에 알을 낳았지. 알을 깨고 나온 새끼들은 몇 달 동안 걸을 수가 없어서 어미들이 먹여 줘야 했어.

파라사우롤로푸스

파라사우롤로푸스의 볏에는 길이가 1.8미터나 되는 관이 있었어. 이 관은 울림통처럼 소리를 더 키워 주는 역할을 했을 거야. 파라사우롤로푸스 같은 오리 주둥이 공룡들은 이 볏을 이용해 멀리 있는 동료들에게 신호를 보냈지.

{ 파라사우롤로푸스는 볏 모양이 서로 달라서 각기 다른 소리를 내. }

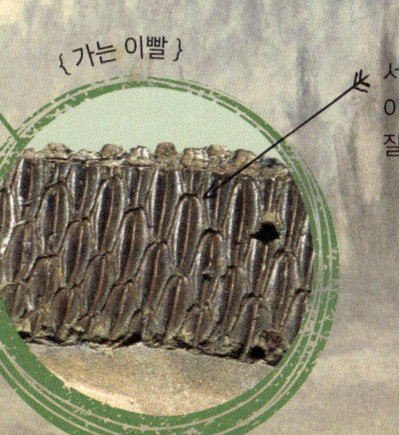

{ 가는 이빨 }

서로 촘촘하게 맞물린 이빨로 질긴 식물을 잘 갈아 먹어.

과시용 머리 볏

오리 주둥이 공룡 중에는 머리에 볏이 달린 공룡이 많았어. 이 볏은 속이 비어 있어서, 햇볕을 받아 뜨거워진 몸을 식히거나 상대보다 더 큰 울음소리를 내기 위한 과시용으로 사용되었어.

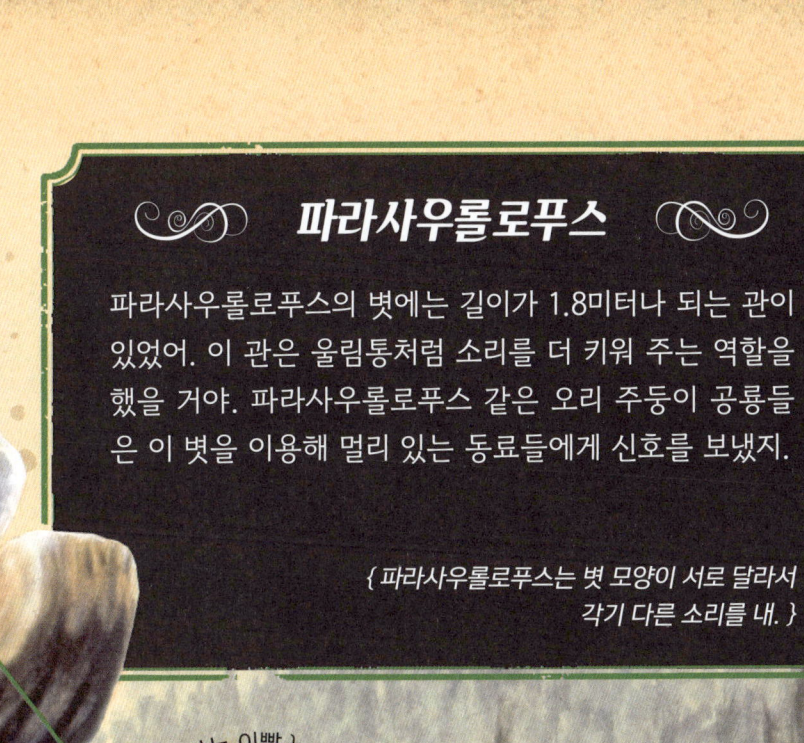

코리토사우루스

코리토사우루스는 오리 주둥이 공룡 중에서도 몸집이 큰 공룡이야. 북아메리카에서 살았지. 이 공룡의 머리뼈가 여러 개 발견되었는데, 머리에 커다란 프라이팬처럼 생긴 반원 모양의 볏이 달린 모습이었어.

{ 공룡뼈 표본 6 }

스테고사우루스

천천히 움직이는 스테고사우루스는 초식성 스테고사우르스류 공룡 중에서도 가장 흔한 종이야.
스테고사우루스의 머리는 작고, 거대한 몸통에는 골판이 두 줄 달려 있어. 꼬리에 달린 가시(골침)로 자신의 몸을 방어했지.

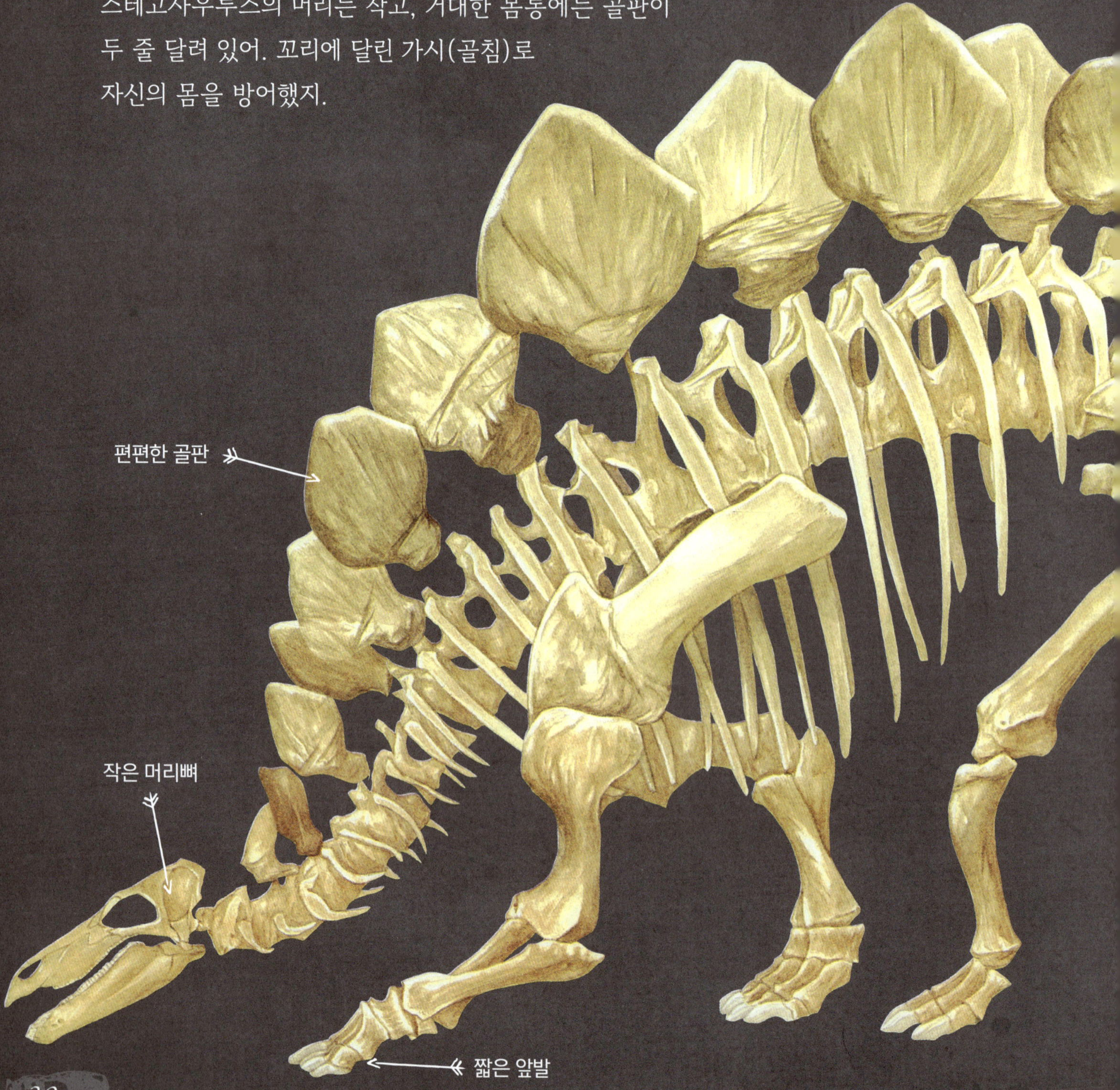

편편한 골판

작은 머리뼈

짧은 앞발

스테고사우루스의 몸길이는
6미터가 넘었어.

높이 있는 나뭇잎 따 먹기
1억 5,000만 년 전에 북아메리카에 살았던
스테고사우루스는 뒷다리로 서서
양치류 나무에 달린 이파리를 따 먹었지.

체온 조절하기
골판을 덮고 있는 피부에는 핏줄이
많아. 스테고사우루스는 체온이
떨어지면 골판을 햇볕 쪽으로 뉘어서
체온을 유지했지. 더워지면 골판이
햇볕을 바라보지 않게 하고, 골판을
통해서 몸의 열을 내보냈어.

넓은 골반

강한 뒷다리
스테고사우루스의 커다란 뒷다리는
앞다리보다 두 배나 길어.
그 덕분에 몸을 웅크려서 낮게 자라는
식물도 먹을 수 있었지.

강력한 근육이 있어서
가시 달린 꼬리를 양옆으로
흔들 수 있었어.

두 쌍의 가시

{ 공룡뼈 표본 6_공룡 보고서 }

골판 달린 공룡

스테고사우루스류는 머리는 작고 몸집은 큰 초식 공룡이야. 이 거대하고 무거운 공룡들에게는 육중한 꼬리, 등에 난 길고 뾰족한 골판 등 강력한 무기가 있어서 양추아노사우루스 같은 포식자에게 맞설 수 있었지.

꼬리로 공격하기

스테고사우루스류는 천천히 움직이고 두뇌도 호두 정도 크기로 아주 작았어. 위험에서 재빨리 도망칠 수는 없었지만 포식자에게 강력한 꼬리를 휘두를 수는 있었지.

작은 뇌, 작은 머리

투오지앙고사우루스의 머리뼈는 길이가 겨우 40센티미터밖에 안 되지만, 작은 뇌를 보호하는 데는 이 정도 크기면 충분해.

← 꼬리 가시

스켈리도사우루스

1억 9,000만 년 전에 살았던 스켈리도사우루스는 스테고사우루스류의 조상이야. 등을 덮은 딱딱한 껍데기 위에는 단단한 가시가 뒤쪽을 향해 줄을 맞춰 나 있었어. 이빨이 없어서 부리로 이파리를 훑어 찢어 먹었지.

{ 스켈리도사우루스 화석은 영국 도싯 지방에서 발견되었어. }

먹이를 사냥하고 있는
양추아노사우루스

쥐라기 공룡

약 1억 7,000만 년 전에 처음 등장한 스테고사우루스류는 1억 4,000만 년 전 쥐라기가 끝날 즈음에 대부분 사라졌지. 스테고사우루스가 속한 '용각류'는 쥐라기와 백악기가 끝날 때 거의 사라졌어. 용각류란 몸집이 크고, 목과 꼬리가 길고, 네 발로 걷는 초식 공룡을 말해.

어깨에 난 커다란 가시

기간트스피노사우루스

1억 6,000만 년 전, 중국에 살았던 중간 크기의 스테고사우루스류 공룡이야. 기간트스피노사우루스는 '거대한 가시 도마뱀'이라는 뜻인데, 양쪽 어깨에 거대한 가시가 두 개 달려서 붙은 이름이지.

{공룡뼈 표본 7}

티라노사우루스

거대하고 흉폭한 티라노사우루스는 티라노사우루스류에 속하는 공룡이야. 티라노사우루스류 공룡들은 고기를 먹었고 쥐라기와 백악기에 걸쳐 살았지. 초기 티라노사우루스류 공룡들은 몸집이 작았는데, 나중에는 강력한 턱과 날카로운 이빨을 가진 거대한 동물로 변했어.
티라노사우루스는 가장 사나운 공룡 가운데 하나야.

거대하고 가벼운 뼈
티라노사우루스의 뼈대는 엄청난 몸집을 지탱해 줄 정도로 거대했어. 하지만 먹이를 쫓아 빨리 움직일 수 있을 정도로 가볍기도 했지.

꼬리척추뼈

정강뼈

티라노사우루스는 몸길이가 12미터 정도였고, 키는 3.7미터였어.

꼬리로 균형 잡기
다른 두 발로 걷는 공룡들처럼 티라노사우루스도 꼬리를 뒤쪽으로 곧게 뻗었어. 큰 머리를 포함한 몸 앞쪽의 체중과 균형을 맞추기 위해서지.

어깨뼈

목뼈

거대한 머리
티라노사우루스의 머리뼈는 길이가 1.2미터나 될 정도로 크기가 어마어마했어. 머리뼈에 있는 강한 턱과 이빨로 단 몇 초 만에 먹잇감을 찢어 버릴 수 있었지.

엄청나게 날카로운 이빨

거대한 몸집, 짧은 팔
티라노사우루스의 팔은 거대한 몸집에 비해 놀라울 정도로 작아. 티라노사우루스의 무기는 발톱이 아니라 강한 턱과 이빨이었을 거야.

배 쪽에 특수한 갈비뼈가 있어서 배 부분을 강화시켜 주었어.

각 손에 있는 두 개의 손톱

폭군 도마뱀 나가신다!
티라노사우루스는 백악기 말기인 6,800만 년 전에서 6,600만 년 전 사이에 살았어. 북아메리카 대륙에 살았지. 티라노사우루스는 그리스 어로 '폭군 도마뱀'이라는 뜻이야. 얼마나 사납고 강했길래 폭군이라는 이름이 붙었을까?

{ 공룡뼈 표본 7_공룡 보고서 }

티라노사우루스류

티라노사우루스류 공룡들은 거대한 덩치에
두 발로 걷는 육식 공룡이야.
지금까지 발견된 육식 공룡 중
가장 강하고 영리하지.
6,600만 년 전, 백악기 말에
아시아와 북아메리카에
살았어.

사냥감을 뒤쫓아 달릴 때
꼬리를 뒤로 쭉 뻗어서
몸의 균형을 잡았어.

사냥꾼 대 시체 청소부

티라노사우루스는 정말로 사냥을 했을까?
아니면 죽은 공룡의 시체를 먹었을까?
전문가들은 이것을 두고 오랫동안 논쟁을 벌였어.
그런데 최근에 화석 연구와 발달된 복원 기술 덕분에
티라노사우루스류가 사냥을 했었다는 사실이 밝혀졌지.

{ 사냥하기 좋게 발달된 시각 }

쌍안시

티라노사우루스류 공룡들의 머리뼈를 보면 눈구멍 두 개가 모두 정면을 향해 있어. 인간처럼 말이야. 이를 '쌍안시'라고 해. 쌍안시는 사냥꾼에게 아주 유리하지. 사물을 입체적으로 바라보고 먹이와 자신과의 거리를 아주 정확하게 판단할 수 있거든. 독수리와 호랑이 같은 활동적인 사냥꾼에게서 볼 수 있는 모습이야.

{ 이빨 }

칼 같은 이빨
티라노사우루스류 공룡의 턱에는 60개나 되는 이빨이 있어. 하나같이 칼처럼 날카롭고, 길이가 거의 15센티미터나 돼. 큰 것은 30센티미터나 되는 것도 있지.

티라노사우루스류 공룡의 거대한 턱을 피하려면 아주 날렵해야 해.

시아모티라누스
이 공룡은 꼭 티라노사우루스류 공룡처럼 생겼지만, 사실은 알로사우루스과에 속해. 남동아시아에 살았고 길이가 거의 9미터까지 자랐지. 자기보다 훨씬 큰 초식 공룡을 사냥했을 거야.

강인한 근육
티라노사우루스는 턱과 다리에 단단한 근육이 붙어 있어서 빨리 달릴 수 있었어. 턱 힘이 특히 강해서 사냥감을 물면 단숨에 숨통을 끊을 수 있었지.

머리가 커도 잘 달릴 수 있다고!
티라노사우루스류 공룡들은 머리가 저렇게 큰데 무거워서 어떻게 달리느냐고? 이들 공룡의 머리뼈에는 커다란 구멍이 몇 개씩 있어서 무게가 가벼웠어. 그 덕분에 사냥할 때 빨리 달릴 수 있었던 거야.

{ 공룡뼈 표본 8 }

기간토사우루스

1억 년 전, 남아메리카에 살았던 거대한 사냥꾼 기간토사우루스는
무시무시하게 생긴 육식 공룡이야. 무게가 7톤이나 되지.
무리를 지어 다니며 아르겐티노사우루스 같은 커다란 용각류
초식 공룡을 사냥했어. 먹성도 엄청 좋았지.

강력한 근육으로 움직이는 목

엉덩뼈

좁은 턱

짧은 팔

커다랗고 날카로운 이빨

기간토사우루스는 머리에서 꼬리까지 길이가 12미터였어.

좁은 머리뼈
기간토사우루스는 티라노사우루스보다 더 컸지만 무는 힘은 3분의 1밖에 되지 않았어. 좁은 머리뼈와 아래턱으로 먹잇감의 살을 저미는 상처를 입혔지.

강한 발

손톱이 달린 손가락
기간토사우루스의 팔은 짧지만 그 힘은 엄청났어.
손에는 손톱이 달린 손가락이 3개 있었지.

두 발로 달리기
기간토사우루스는 두 발로 걸었고
시속 30킬로미터 정도의 속도로
달렸을 거라고 해.

좁은 머리, 작은 뇌
기간토사우루스는 머리가 좁다 보니
그 속에 들어 있는 뇌의 크기도 작았어.
아마 바나나 정도의 크기와 모양이었을 거야.

긴 꼬리

기간토사우루스의 거대한 몸통으로 보아
무게가 12.5톤은 되었을 거야.
코끼리 세 마리 정도의 무게지.

꼬리에 달린 뼈

발목

이빨 속에서 이빨이 자란다고?

기간토사우루스는 길이가 20센티미터나
되는 무시무시한 이빨로 사냥감의 살덩이를
베어 냈어. 이빨이 닳는 것은
문제없었어. 계속해서 새로운
이빨이 자랐거든. 이빨 뿌리
쪽에 U자 모양의 홈이 있는데,
바로 거기에서 새 이빨이
돋았지.

39

{ 공룡뼈 표본 8_공룡 보고서 }

거대한 포식자 공룡

기간토사우루스 같은 카르카로돈토사우루스류 공룡들은 엄청나게 거대해. 특히 카르카로돈토사우루스와 스피노사우루스는 지금까지 살았던 모든 동물 가운데 가장 큰 포식자였지. 거대한 턱과 날카로운 이빨, 무시무시한 발톱은 먹잇감들에게 공포 그 자체였어.

스피노사우루스의 머리는 길고 좁아.

카르카로돈토사우루스가 오우라노사우루스를 먹고 있어.

등에 달린 돛은 스피노사우루스의 체온을 조절하는 데 쓰였을 거야.

거대한 몸과 돛
스피노사우루스는 무게가 무려 18톤이나 나갔어. 안 그래도 거대한데 등에 1.7미터나 되는 커다란 돛까지 있어서 더 커 보였지.

카르카로돈토사우루스

카르카로돈토사우루스는 '이빨이 날카로운 도마뱀'이란 뜻이야. 카르카로돈토사우루스류 공룡 중 가장 크지. 이름답게 이빨이 엄청 무시무시해. 길고 날카로운 이빨의 모서리는 톱니 모양이지. 카르카로돈토사우루스는 스피노사우루스와 같은 시대에 살았어. 두 공룡이 만나면 서로 싸웠을 거야.

{ 카르카로돈토사우루스의 머리뼈 }

물고기 사냥하기

스피노사우루스 화석을 보니 위 속에 물고기 비늘이 있는 거야. 그래서 스피노사우루스가 물고기를 잡아먹었다는 사실을 알게 되었지. 스피노사우루스는 대부분의 시간을 물속에서 보냈어. 요즘의 악어처럼 말이야.

어때, 발자국도 크지?

미국 텍사스에 남아 있는 아크로칸토사우루스 발자국 화석을 좀 봐. 1억 1,500만 년 전에 생긴 거야. 발 길이가 약 60센티미터 정도라니, 얼마나 컸던 걸까? 아크로칸토사우루스의 길이는 9미터, 몸무게는 2.5톤이었어.

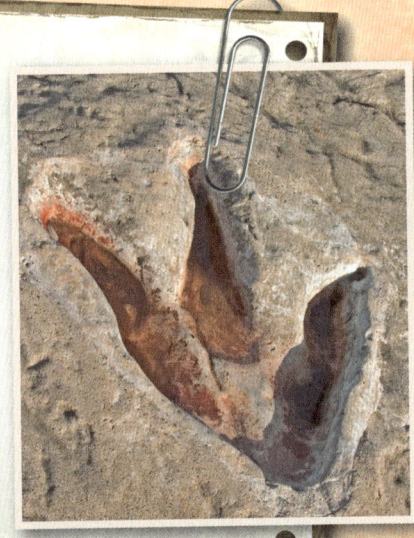

공룡 키재기

카르카로돈토사우루스류 공룡들을 몸집이 큰 순서대로 줄을 세워 봤어. 왼쪽부터 카르카로돈토사우루스, 기간토사우루스, 마푸사우루스, 아르칸토사우루스, 에오아르카리아, 콘카베나토르 순서야.

{ 공룡뼈 표본 9 }

알로사우루스

알로사우루스는 150만 년 전에 살았던 아주 큰 공룡이야.
초기 육식 공룡 가운데 하나였지.
이 공룡은 엄청난 먹성을 가진 대식가였어.
아파토사우루스 같은 대형 초식 공룡은 물론이고
다른 육식 공룡, 공룡의 시체까지 안 먹는 게 없었어.

→ 크고 무거운 엉덩뼈

숨어 있다 덮치기
알로사우루스는 탁 트인 평원에 사는
캄프토사우루스를 포함하여 열두 종이
넘는 초식 공룡을 사냥했어.
몸을 감추고 숨어서 먹잇감이 다가오기를
기다렸다가 가까이 오면 덮쳤지.

알로사우루스의 다리는
짧은 편이야. 이것은 아주 빨리
달리지 못했다는 것을 뜻하지.

알로사우루스의 몸길이는 12미터까지
자랐고 몸무게는 3.5톤이나 됐어.

발굽처럼 생긴
발톱

42

단거리 달리기 선수

알로사우루스는 오랫동안 달리기에는 너무 컸어. 그래서 사냥할 때는 짧은 거리를 빠르게 달려서 먹이를 잡아야 했지.

굵은 목

유연한 관절
느슨하게 연결된 머리뼈들은 유연하면서도 강했어.

볏

아래턱

이빨 양쪽에는 톱니 같은 모서리가 있어.

넓은 가슴우리

머리뼈에 난 구멍
알로사우루스는 머리도 거대했어. 길이가 거의 1미터나 되었지. 하지만 머리뼈에 구멍이 여러 개 있어서 가벼웠어.

손톱이 달린 세 개의 손가락

뿔 달린 이마
알로사우루스의 눈 위쪽에는 뿔처럼 불쑥 튀어나온 뼈가 있어. 장식으로도 쓰였지만 다른 알로사우루스와 싸울 때는 무기도 되었지.

43

{ 공룡뼈 표본 9_공룡 보고서 }

초기 육식 공룡

최초의 거대 육식 공룡이 지구 상에 등장한 것은 약 2억 년 전 일이야. 이 포식자들은 두 발로 걸었어. 발톱과 이빨은 날카로웠고, 턱 힘이 어찌나 센지 먹이를 아주 강하게 물 수 있었어.

맨 먼저 등장한 육식 공룡
가장 최초로 등장한 거대 포식자가 바로 이 메갈로사우루스야. 뼈대가 크고, 턱 힘이 강력했지. 이빨은 마치 톱 같았고. 팔은 짧지만 힘이 엄청났어. 양손에는 날카로운 손톱이 달린 손가락이 3개씩 있었어.

내 별명은 '최초'야!
1676년, 영국에서 공룡뼈가 최초로 발견되었어. 메갈로사우루스의 넙다리뼈였지. 이 공룡은 최초로 학명이 붙여진 공룡이기도 하고, '공룡'의 정의가 내려지기도 전에 발견되어 연구된 최초의 공룡이기도 하지.

턱뼈 화석
{ 메갈로사우루스의 턱뼈 }

이 아래턱뼈 화석은 약 1억 4,000만 년 전에 살았던 메갈로사우루스의 턱뼈야. 육식 공룡의 이빨답게 길고 날카롭지? 공룡은 평생 동안 계속해서 이가 자랐어. 이빨이 닳으면 새로운 이빨이 자라서 닳아 버린 이빨을 갈아 치웠지.

한때는 가장 컸던 포식자

알로사우루스는 메갈로사우루스와 생김새가 비슷하지만 몸집이 더 커. 1억 5,000만 년 전 쥐라기 말에는 알로사우루스가 가장 큰 포식자였지.

프로케라토사우루스
이 공룡의 화석은 머리뼈 단 한 개만 발견되었어. 그래서 정확한 생김새를 알아내긴 어렵지. 이 공룡은 중간 크기의 포식자로, 1억 7,000만 년 전에 살았어. 티라노사우루스과 공룡의 초기 조상이지.

양추아노사우루스의 날카로운 이빨은 뒤쪽으로 굽었어.

양추아노사우루스
양추아노사우루스의 뼈는 중국에서 발견되었어. 알로사우루스과에 속하는 이 공룡은 머리가 엄청나게 크고, 강력한 발톱이 있었어.

커다랗고 무거운 몸체의 균형은 긴 꼬리가 잡아 주었어.

{ 공룡뼈 표본 10 }

프시타코사우루스

둥근 머리뼈에 이빨이 없는 굽은 부리.
'앵무 도마뱀'이란 뜻의 공룡, 프시타코사우루스의 특징이지.
이 공룡은 단단한 부리로 질긴 나무 줄기와 이파리를 먹는 초식 공룡이야.

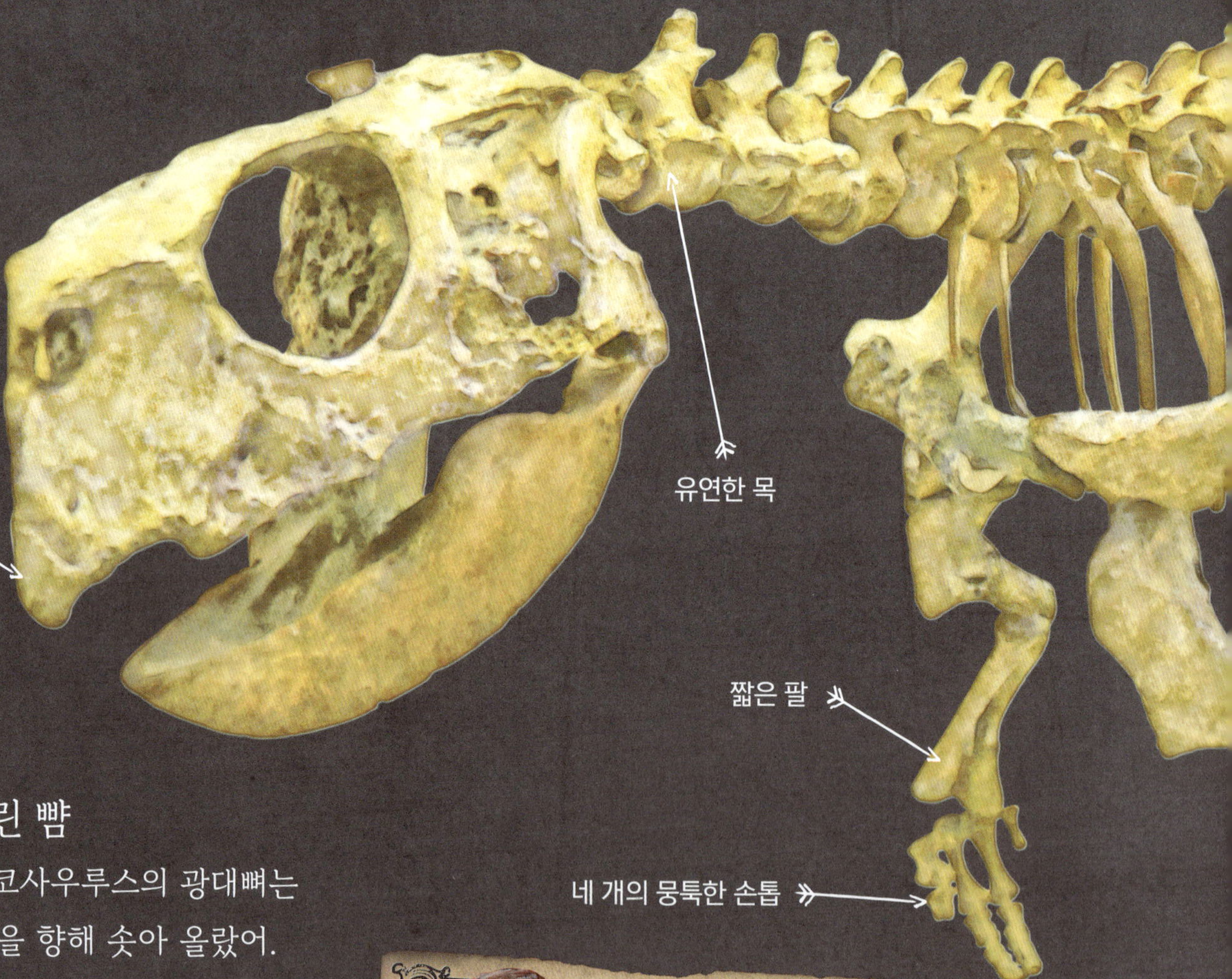

부리는 견과류를
부수기 좋게
생겼어.

유연한 목

짧은 팔

네 개의 뭉툭한 손톱

뿔 달린 뺨
프시타코사우루스의 광대뼈는
바깥쪽을 향해 솟아 올랐어.
이것이 마치 뿔처럼 보여서
프시타코사우루스 같은 공룡을
'뿔공룡'이라고 해.
나중에는 뿔공룡의 이 뼈가
가시로 변하지.

46

프스타코사우루스의 길이는 2.5미터, 몸무게는 약 18킬로그램이었어.

자세히 알려진 공룡

지금까지 400개가 넘는 프스타코사우루스 화석이 발견되었어. 뼈대가 완벽하게 남은 것도 몇 개 있지. 프시타코사우루스는 자료가 많이 남아서 거의 완벽하게 밝혀진 공룡이야.

새의 골반과 비슷한 골반

가슴우리

팔꿈치

똘똘 뭉치기
어린 프시타코사우루스들은 무리 안에서 똘똘 뭉쳐 지냈어. 다른 포식자에게 몸을 보호하기 위해서였지.

발가락뼈

갓 부화한 새끼
몽골에서 발견된 프시타코사우루스 화석이야. 알에서 갓 깨어난 새끼로, 몸길이가 12센티미터 정도지. 부화한 뒤 곧 죽은 것으로 보여.

{ 공룡뼈 표본 10_공룡 보고서 }

원시 뿔공룡

머리에 뿔이 달린 뿔공룡은 전 세계에서 번성한 초식 공룡이야. 초기 뿔공룡의 얼굴에 달린 뿔은 후기에 나타난 트리케라톱스 같은 친척 공룡들의 뿔과 목뼛(프릴)보다는 작았지. 목뼛은 목덜미와 뒤통수를 감싼 넓적한 뼈로, 포식자의 공격을 막는 데 쓰였어.

무리 동물

다른 뿔공룡들처럼 렙토케라톱스 역시 무리를 지어서 살았어. 높은 지대의 숲에서 작은 나무와 덤불을 먹었지.

다양한 식성

렙토케라톱스는 부리가 날카롭고, 먹잇감을 으깰 수 있는 이빨이 있어서 다양한 식물을 먹을 수 있었어. 양치류와 침엽수에서 꽃이 피는 식물과 나무에 이르기까지 식물이라면 가리지 않고 먹었어.

좁은 부리

미크로케라톱스

{ 한때 가장 작은 뿔공룡으로 알려졌던 미크로케라톱스 }

미크로케라톱스는 몸길이가 겨우 60센티미터여서 한때 가장 작은 뿔공룡이라고 여겨졌지. 그런데 알고 보니 어린 공룡의 화석이었던 거야. 그래서 더 이상 미크로케라톱스라는 이름을 쓰지 않아. 알려진 것이 많지는 않지만, 정강뼈가 긴 것으로 보아 빠르게 달릴 수 있었을 거야. 포식자로부터 도망치기 위해서였겠지.

바가케라톱스

작은 뿔공룡인 바가케라톱스는 8,000만 년 전에 몽골에 살았어. 나중에 등장한 목뼈 달린 공룡의 모습도 어느 정도 보이는데, 주둥이에 짧은 뿔이 있고 뺨 양쪽에도 이파리처럼 생긴 뿔이 있어.

렙토케라톱스는 두 발로도 네 발로도 걸을 수 있었어.

이렇게 완벽한 화석이?

여기 완벽한 공룡 화석이 있어. 6,800만 년 전에 살았던 렙토케라톱스 화석이지. 그것도 두 마리나! 최초에 발견된 화석은 머리뼈 일부가 없었는데, 이후 몸 전체가 보존된 화석이 발견되면서 렙토케라톱스라는 이름이 붙었어.

{ 공룡뼈 표본 11 }

트리케라톱스

트리케라톱스는 가장 무거운 초식 공룡 가운데 하나였어.
늘 먹이를 찾아 숲을 어슬렁거렸지.
길고 날카로운 뿔과 목을 둘러싼 목뼛을 보면
사나운 적들도 함부로 공격할 수 없었을 거야.

트리케라톱스의 등뼈에는 척추뼈가 몇 개 더 있어서 몸을 튼튼하게 해 주었어.

트리케라톱스는 몸길이가 9미터였고 키는 3미터였어. 몸무게는 8톤이 넘었지.

짧고 굵은 꼬리

굵고 강한 다리로 무거운 몸을 지탱할 수 있었어.

가슴우리

튼튼한 다리
트리케라톱스의 다리는 커다란 몸집과 머리 무게를 충분히 지탱할 수 있을 정도로 굵었어.

짧고 넓은 발가락

커다란 뿔로 밀어붙이기

포식자가 위협하면 트리케라톱스는 커다란 뿔이 달린 단단한 머리로 포식자를 밀어냈어. 코뿔소처럼 말이야. 그리고 뿔을 휘두르고 찌르며 포식자와 싸웠지.

세 개의 뿔
트리케라톱스라는 이름은 '뿔이 세 개 달린 얼굴'이란 뜻이야. 이마에 난 뿔 두 개는 길이가 1미터까지 자랐지. 코 위에도 작은 뿔이 있었어.

- 척추뼈
- 목뼈
- 이마뿔
- 코뿔
- 으깨는 이
- 부리
- 굵은 다리뼈

단단한 부리
트리케라톱스의 입 끝에는 단단한 부리가 있어서 질긴 먹이도 쉽게 먹을 수 있었어.

51

{ 공룡뼈 표본 11_공룡 보고서 }

볏공룡

트리케라톱스같이 넓은 볏이 달린 초식성 뿔공룡들은 1억 년에서 6,600만 년 전 사이의 후기 백악기에 흔히 볼 수 있었어.

목볏과 뿔로 방어하기

모든 뿔공룡들에겐 넓은 목볏과 길고 뾰족한 뿔이 있었어. 목볏과 뿔은 커다란 머리에 나 있었지. 머리 길이가 2.5미터나 돼서 몸의 3분의 1을 차지할 정도였어.

둥글게 둥글게 방어하기

뿔공룡은 적의 위협을 받으면 자신의 동료들과 함께 맞섰어. 날카로운 뿔이 난 머리를 바깥으로 향하고 둥글게 모여 섰지. 원 안에는 어린 공룡들을 몰아넣고 말이야.

목볏은 포식자가 내리찍는 이빨로부터 목을 보호했어.

스티로사우루스

스티로코사우루스는 티라노사우루스의 공격을 충분히 막을 수 있었을 거야. 커다란 목볏으로 목을 방어했기 때문이지. 게다가 볏에는 커다란 뿔도 6개나 솟아 있었어. 코에 난 기다란 뿔은 포식자의 살을 찢는 데 썼을 거야.

{ 스티로코사우루스의 커다란 볏과 뾰족한 뿔 }

무기가 되는 뿔

뿔공룡이 자신의 뿔을 단지 방어를 위해서 사용한 것만은 아니야. 수컷 뿔공룡들은 뿔로 상대방의 목볏을 밀며 서로 다투기도 했지. 무리의 우두머리가 되기 위해 싸운 거야.

꼬리를 휘두르며 짝 찾기

렙토케라톱스과의 볏공룡 몬타노케라톱스는 꼬리가 아주 유연했어. 그래서 짝을 찾을 때 꼬리를 크게 휘두르며 마음에 드는 짝에게 신호를 보냈지. 그리고 더 발달된 뿔공룡 발에는 발굽이 있었던 것과 달리 몬타노케라톱스는 발에는 발톱이 있었어.

생긴 것과 다르게 식물만 먹어요!

뿔공룡들은 풀과 나무줄기, 뿌리 등을 주로 먹었어. 단단한 부리로 잎을 훑고 줄기를 부수었지. 먹이를 삼키기 전에는 양쪽 뺨에 있는 커다란 이빨로 식물을 으깼어.

{ 공룡뼈 표본 12 }

안킬로사우루스

안킬로사우루스는 6,600만 년 전 북아메리카에서
느리게 움직이며 살았던 초식 공룡이야.
두꺼운 피부는 딱딱한 골판으로 덮여 있고,
꼬리에는 강력한 곤봉이 달려 있었어.
이렇게 안킬로사우루스의 온몸이 탱크처럼
무장되어 있다 보니 포식자들에겐 꽤나
까다로운 상대였지.

안킬로사우루스의 몸길이는 9미터,
몸무게는 3.5톤이야.

척추뼈와 하나로 합쳐진 엉덩뼈

머리뿔

두꺼운 목

**머리뼈 안쪽에 있는 비강이 커.
비강은 콧구멍에서 목젖 윗부분에
이르는 빈 공간을 말해.**

편평한 가슴우리

머리와 뺨에서 자란 뿔
안킬로사우루스의 생김새를 보면
주둥이 위쪽이 불룩하고, 머리가
넓적해. 머리 뒤쪽으로 뿔이 한 쌍
나 있었고, 양쪽 뺨에서도 한 쌍의
뿔이 자라났어.

튼튼한 엉덩이
안킬로사우루스의 힘에는
엉덩이도 한몫했어. 커다란
엉덩뼈와 척추뼈 8개가
하나로 합쳐져 큰 힘을
발휘했거든.

발굽 모양 발톱

납작 엎드리면 아무도 못 건드려!

포식자가 다 자란 안킬로사우루스를 잡아먹거나 공격할 수 있는 방법은 딱 한 가지뿐이었어. 바로 부드러운 배를 공격하기! 하지만 단단한 갑옷으로 무장한 안킬로사우루스가 납작 엎드리면 아무리 힘센 티라노사우루스가 와도 뒤집을 수 없었지.

발달된 후각
안킬로사우루스는 머리뼈 안쪽에 있는 비강이 커서 후각이 아주 예민해. 그래서 냄새로 먹이를 찾아냈지.

꼬리로 공격하기
안킬로사우루스의 꼬리는 매우 단단하고 강력했어. 꼬리 안에 있는 뼈들이 튼튼한 힘줄로 서로 연결되어 있었거든. 그래서 공격을 당하면 꼬리 곤봉을 양옆으로 휘둘렀는데, 그 힘은 포식자의 뼈를 부술 정도로 셌어.

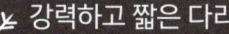 강력하고 짧은 다리

 긴 꼬리

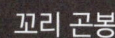 꼬리 곤봉

느리게 걷기
몸이 무겁고 다리가 짧다 보니 안킬로사우루스는 가장 느린 공룡 중 하나였어. 아무리 빨라 봐야 시속 10킬로미터에 불과했을 거야.

둔한 머리
안킬로사우루스의 머리는 별로 좋지 않았어. 움직이지 않고 가만히 있는 게 방어 전략일 정도였지. 뇌의 크기가 스테고사우루스만큼이나 작았거든.

공룡뼈 표본 12_공룡 보고서

안킬로사우루스류

7,000만 년 전,
안킬로사우루스류 공룡들은
매우 널리 퍼져 있었어.
이 공룡들은 질기고
거친 식물을 먹었어.
날카롭고 단단한
부리로 이파리와
가지를 끊어서 먹었지.

커다란 위

안킬로사우루스류 공룡들은
먹이를 거의 씹지 않고 삼켰어.
단단한 나무줄기와 거친
이파리들은 커다란 위 속에서
매우 더디게 소화되었지.
이 공룡들이 크고 느렸던
가장 큰 이유도 바로 위가
컸기 때문이야.

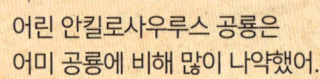
어린 안킬로사우루스 공룡은
어미 공룡에 비해 많이 나약했어.

사막에 사는 사이카니아

안킬로사우루스류 공룡 중 하나인 사이카니아는
덥고 건조한 사막에 살았어. 공기가 드나드는 통로가
그물처럼 연결되어 사이카니아의 머리뼈를 가득 채웠지.
그 통로들은 사이카니아가 들이마신 더운 공기를
식혀 주었어.

망치 같은 꼬리 곤봉
안킬로사우루스류 공룡의 꼬리 곤봉은 골판들이 하나로 붙어서 만들어졌기 때문에 무척 단단했어.

{ 꼬리 곤봉 }

티라노사우루스가 안킬로사우루스 공룡 가족을 공격하고 있어.

눈 보호하기
위의 공룡은 거북을 닮은 에우오플로케팔루스야. 이 공룡의 눈꺼풀은 뼈로 이루어져 있어서 눈을 보호했어.

뿔같이 딱딱하고 날카로운 부리

골판
안킬로사우루스류 공룡은 몸에 갑옷을 두르고 있었어. 그 갑옷은 '골판'이라 부르는 편편한 뼛조각으로 이루어져 있었는데 피부에 단단히 박혀 있었지. 피부는 다시 케라틴으로 한꺼풀 덧씌워져 있었어. 케라틴은 손톱을 이루는 물질인데 역시 단단해. 안킬로사우루스류 공룡의 갑옷은 요즘으로 치면 아르마딜로의 갑옷과 비슷했어.

{ 딱딱한 뼛조각 }

57

{ 공룡뼈 표본 13 }

파키케팔로사우루스

파키케팔로사우루스는 '머리가 두꺼운 도마뱀'이란 뜻이야.
머리 모양이 독특한 반구형이거든. 수컷들은 이 반구형 머리를
밀치며 서로 싸웠을 거야.
파키케팔로사우루스는 멸종 직전까지 살았던 파키케팔로사우루스류
공룡들 중에서 멸종 직전까지 살아남았던 최후의 공룡이야.

무리 지어 도망치기
파키케팔로사우루스는 해안 지역에 무리를
이루어 살았어. 포식자가 위협하면 무리가
한꺼번에 도망쳤지.
파키케팔로사우루스는 두 발로 서서
걸었어. 달릴 때는 꼬리를 꼿꼿하게
펴서 몸의 균형을 잡았지.

↙ 넙다리뼈

↙ 무겁고 단단한 꼬리

산양처럼 살기
파키케팔로사우루스의 생활 모습은
오늘날의 산양과 비슷한 점이 있었어.
하지만 파키케팔로사우루스가 산양처럼
산악 지대에 살았다는 증거를 보여 주는
화석은 아직까지 발견되지 않았지.

파키케팔로사우루스는 길이 8미터,
몸무게 3,000킬로그램까지 자랐어.

넓적한 발 ➔

단단한 머리뼈
파키케팔로사우루스의 머리뼈는 두께가 25센티미터나 되는 단단한 뼈로 되어 있어. 그래서 작은 뇌를 보호해 주지. 마치 오토바이 헬멧처럼 말이야.

머리뼈는 작은 돌기들로 덮여 있어.

달릴 때는 등이 땅과 수평이 돼.

목은 짧고 굵어.

뾰족한 부리

남아 있는 머리뼈
파키케팔로사우루스는 북아메리카에 살았어. 파키케팔로사우루스는 머리뼈 화석만 발견되었어. 머리뼈의 길이는 60센티미터로 파키케팔로사우루스류 공룡 중에서 가장 커.

무릎

다섯 개의 손가락

가지와 이파리 먹기
두 발로 서면 낮은 나뭇가지에 쉽게 닿을 수 있었어. 파키케팔로사우루스의 이빨은 짧고 날카로워서 가지와 이파리를 갈기에 딱 알맞았지.

{ 공룡뼈 표본 13_공룡 보고서 }

후두류 공룡

후두류 공룡은 머리뼈가 두껍고 단단한 공룡들을 말해.
파키케팔로사우루스류 공룡들이 여기에 속하지.
아마도 수컷 후두류 공룡은 짝을 차지하기 위해
두꺼운 머리뼈를 이용해 다투었던 것 같아.
몸을 뻣뻣하게 세우고 이마를 맞대며
서로 밀치는 거지. 이러한 이유 때문에
후두류 공룡을 박치기 공룡이라고도 해.

수컷 후두류 공룡 두 마리가 서로 싸우고 있어.

강한 다리

잔인한 측면 공격
후두류 공룡들은 머리뼈가 두꺼워서 박치기 공격을 받아도 괜찮지.
하지만 몸 양쪽의 부드러운 면을 후려치면 부상을 당할 수 있어.
몸의 양옆은 단단하지 않거든.

감염된 머리뼈
지금껏 발견된 후두류 공룡의 머리뼈 가운데 거의 4분의 1에서 감염된 부분이 발견되었어. 거칠게 싸우는 동안 살이 상처를 입어 감염되었을 거야.

뾰족한 머리뼈
프레노케팔레의 둥글넓적한 머리뼈는 뼈로 된 침으로 둘러싸여 있어. 이 침들은 뇌를 보호해 주었지.

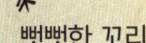
뻣뻣한 꼬리

오돌토돌 돌기 대장
파키케팔로사우루스의 머리뼈 화석이야. 뼈 돌기가 머리 뒤쪽과 주둥이 주변을 온통 둘러싸고 있어.

호말로케팔레

호말로케팔레의 두꺼운 머리뼈는 패인 자국과 혹으로 뒤덮여 있었어. 그런데 머리 꼭대기가 납작해서 박치기를 한 것이 아니라, 상대를 밀어냈던 것으로 보는 과학자들도 있어. 하지만 지금은 이것이 호말로케팔레가 아닌, 어린 프레노케팔레였을 거라고 믿는 과학자들이 많아.

{ 호말로케팔레는 다리가 길어. 아마도 빠르게 달렸을 거야. }

61

{ 공룡뼈 표본 14 }

디플로도쿠스

천천히 걷는 디플로도쿠스는 땅에서 걸어 다녔던 동물 가운데
가장 긴 동물이었어. 디플로도쿠스 같은 용각류에게 위협적인 상대는
알로사우루스처럼 아주 큰 포식자뿐이었지.
디플로도쿠스는 작은 규모의 가족끼리 무리를 지어 살았어.
오늘날의 코끼리처럼 말이야.

작은 머리

6미터 길이의 목

높이 달린 콧구멍
디플로도쿠스는 콧구멍이
머리 꼭대기에 뚫려 있어. 그래서 한때
과학자들은 디플로도쿠스가 물에서
살았다고 생각했지. 물속에 몸을 담그고
코만 물 밖에 내놓고 숨을 쉬었다고
생각한 거야.
하지만 요즘에는 디플로도쿠스가
나뭇잎을 훑어서 먹을 때 잔가지가
코를 찌르지 않게 하기 위해서
그렇게 된 거라고 생각해.

디플로도쿠스의 척추뼈는 군데군데 속이
비어 있어서 몸무게를 많이 줄여 주었어.

커다란 심장
디플로도쿠스 심장은 무게가
1톤도 넘었을 거야.
긴 목을 따라 머리까지 피를
보내려면 디플로도쿠스에게는
커다란 심장이 필요했을 테니까.

디플로도쿠스의 몸길이는 30미터가
넘었고 무게는 90톤 정도였어.

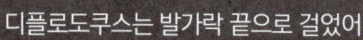
디플로도쿠스는 발가락 끝으로 걸었어.

연필 같은 이빨로 이파리 훑기

약 1억 4,000만 년 전, 북아메리카에 살았던 디플로도쿠스는 주둥이 앞쪽에만 이빨이 발달했어. 이빨들은 작은 데다가 연필처럼 가늘고 길게 생겼지. 그 이빨들로 나무의 이파리를 훑어서 먹었어.

어깨뼈

엉덩뼈가 척추뼈와 합쳐져서 더 단단해졌어.

긴 꼬리
꼬리에는 70개가 넘는 척추뼈가 있어. 디플로도쿠스는 꼬리를 땅에서 떼고 걸었어.

꼬리 끝의 뼈는 아주 가늘어.

기둥처럼 생긴 다리로 무거운 몸을 지탱했어.

꼬리 채찍

꼬리뼈에는 강력한 근육이 붙어 있던 흔적이 보여. 디플로도쿠스는 아마 꼬리를 채찍질하듯이 양옆으로 흔들어서 자신을 공격하는 포식자들을 쫓아 버리거나 싸웠을 거야.

양쪽 발의 엄지에는 커다란 발톱이 있었어.

{ 공룡뼈 표본 14_공룡 보고서 }

목 긴 공룡

목 긴 공룡은 몸집이 크고, 목과 꼬리가 길고, 네 발로 걷는 초식 공룡, 즉 용각류를 뜻하는 말이야.
목 긴 공룡은 지금까지 지구 상에 살았던 동물들 가운데 가장 큰 육상 동물이었어. 목이 엄청나게 길어서 제자리에 가만히 서서 아주 멀리 떨어져 있는 식물까지도 먹을 수 있었지.

마멘키사우루스의 목은 19개의 목척추뼈로 이루어져 있었어.

낮게 달린 식물 먹기
디크라에오사우루스는 다른 용각류 공룡들이 높은 곳의 식물을 먹는 것과 달리 낮은 곳에 달린 식물을 먹었어. 용각류인데도 목이 많이 짧았거든.

가장 긴 목
공룡을 통틀어 마멘키사우루스의 목이 가장 길었어.
몸길이가 21미터였는데, 목 길이가 몸길이의 절반 정도였으니 얼마나 길었는지 짐작할 수 있겠지?

돌을 삼키는 공룡
용각류의 위장은 아주 컸어. 몸집이 큰 만큼 엄청난 양을 먹어치웠으니 소화를 시키려면 당연히 클 수밖에 없었을 거야. 용각류 역시 다른 초식 공룡들처럼 위석을 삼켜서 위장 운동을 도왔어.

아파토사우루스의 먹이

몸집이 큰 아파토사우루스는 1억 5,000만 년 전에 북아메리카에 살았던 공룡이야. 앞니 사이에 틈이 있어서 나뭇가지의 이파리들을 훑어 먹었지.

갑옷 같은 피부

살타사우루스의 두꺼운 피부에는 골판이 있어서 포식자들로부터 몸을 보호할 수 있었어.

아파토사우루스들은 몇몇이 먹이를 먹는 동안 나머지가 망을 보며 포식자들을 경계해.

티타노사우루스류

2014년, 아르헨티나에서 역사상 가장 큰 용각류가 발견되었어. 9,500만 년 전에 살았던 티타노사우루스류 공룡이지. 이 공룡은 몸길이가 39미터인데, 넙다리뼈 하나가 사람의 키보다도 컸어. 몸무게는 70톤이 넘었고, 코끼리 15마리보다도 무거운 거야.

{ 발굴된 티타노사우루스류 공룡의 넙다리뼈 }

〔선사 시대 동물뼈 표본〕

안항구에라

안항구에라의 머리 길이는 몸통보다 두 배나 길었어.

아래턱볏

바늘처럼 생긴 이빨

눈구멍

짧은 꼬리

공룡이 땅에서 어슬렁거리던 시절, 익룡은 날아다니며 하늘을 지배했어. 안항구에라는 익룡의 한 종류야. 날개는 양손의 가장 긴 손가락에 붙어 있는 피부로 만들어졌어.

손목에 붙어 있는 뼈로 날개를 조종했어.

물고기 잡기

안항구에라는 뛰어난 물고기 사냥꾼이었어. 이빨이 바늘처럼 생겨서 미끄러운 먹잇감을 잡을 수 있었거든.
그리고 위턱과 아래턱에 볏이 있어서 물속에 주둥이를 넣고도 머리가 흔들리지 않도록 똑바로 유지할 수 있어.

가장 긴 네 번째 손가락에 날개의 맨 끝부분이 달려 있어.

안항구에라의 날개폭은 4.5미터인데, 몸길이는 겨우 20센티미터야.

손가락

몸무게를 줄이자!

하늘을 날려면 몸이 최대한 가벼워야 했겠지? 그래서 익룡의 뼈는 가늘고 속도 비어 있었어. 새처럼 말이야. 이런 점이 익룡에게는 유리한 조건이었지만, 오늘을 사는 우리에겐 조금 아쉬운 점이기도 해. 뼈가 너무 약해서 화석으로 남아 있기가 힘들거든.

손가락과 몸통 사이에 있는, 털로 덮인 피부를 펼치면 날개가 돼.

다리뼈

다리가 약한 것으로 보아 안항구에라는 대부분의 시간을 공중에서 보낸 것 같아.

발가락뼈

비행하는 동안에 다리와 발은 뒤쪽을 향해 있었어.

4개의 손가락 중 앞쪽의 짧은 손가락 3개에는 날카로운 손톱이 있어.

땅에서는 느림보

안항구에라는 아마 땅에서는 움직이는 게 느리고 어설펐을 거야. 거의 기어다녔겠지. 날개에 달린 손톱으로 땅을 짚고 몸을 끌어당기면서 말이야.

발가락은 5개야. 그중 앞쪽 긴 발가락 4개에만 발톱이 있지.

67

{ 선사 지대 동물뼈 표본 1_동물 보고서 }

익룡

익룡은 '날개 달린 도마뱀'이라는 뜻이야.
하늘 위로 진출한 첫 번째 거대 동물이지.
익룡이 나타나기 전에는 곤충처럼 작은 동물들만
하늘을 날 수 있었거든.
1억 년 넘게 하늘을 지배했던 익룡은 백악기가
끝나면서 공룡과 함께 멸종했어.

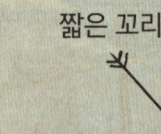

곤충 먹는 익룡
디모르포돈은 짧은
부리를 아주 재빨리
오므릴 수 있어서
작은 곤충들을
잡아먹었어.

내가 제일 커!

지금으로부터 7,000만 년 전,
북아메리카에 살았던
케찰코아틀루스가 지구에서
가장 큰 익룡이었어.
날개폭이 11미터나 되었지.
오늘날 가장 큰 새인
알바트로스의 날개폭보다
세 배나 커.

짧은 꼬리

볏 달린 익룡, 투푹수아라

투푹수아라는 1억 2,500만 년에서 1억 1,500만 년 전
사이에 남아메리카에 살았던 익룡이야. 이 거대한 익룡의
머리 꼭대기에는 평평하고 둥근 볏이 있었어. 볏은 핏줄로
가득 차 있었고, 아마 밝은 색을 띠었을 거야.

손뼈

이성의 관심을 끌 수 있도록 볏의 색깔이 바뀌었을 거야.

투푹수아라는 날카로운 부리로 물고기를 잡았을 거야.

이빨이 없는 입

투푹수아라의 목이 긴 것은 물고기를 잡을 때 부리를 물속에 담그기 위해서야.

걸러 먹기

프테로다우스트로는 휘어진 부리로 바닷물을 퍼 올려 물에서 플랑크톤과 작은 생물들을 걸러 먹었어. 먹이의 색깔 때문에 몸의 색깔이 분홍색으로 변했을 거야. 플라밍고처럼 말이야.

프테라노돈

익룡 중에서 가장 유명한 것이 프테라노돈이야. 여태까지 1,200마리가 넘는 프테라노돈 화석이 발견되었거든. 프테라노돈은 8,500만 년에서 7,500만 년 전 사이에 북아메리카에 살았어. 오늘날의 바닷새처럼 바닷가 바위에 둥지를 틀었지. 그래야 포식자들이 접근할 수 없었을 테니까.

{ 프테라노돈 뼈대 }

{ 선사 시대 동물뼈 표본 2 }

오프탈모사우루스

어룡(이크티오사우루스류) 가운데 하나인 오프탈모사우루스는
약 1억 6,000만 년 전에 살았어. 어룡은 물에 살았던 파충류를 뜻해.
돌고래처럼 생기기도 했고, 몸통이 눈물방울처럼 생기기도 한
이 파충류는 일생을 바다에서 보냈어. 새끼도 물속에서 낳았고.
오프탈모사우루스는 시속 40킬로미터로 헤엄쳤으며,
눈이 아주 커서 흐린 물속에서도 사냥할 수 있었지.

커다란 눈구멍에 있는,
뼈로 된 고리가
눈을 보호했어.

부리처럼 생긴 길고 가는
턱에는 이빨이 없었어.

앞지느러미발은
많은 뼈로 이루어져
있어서 힘이 강했지.

오프탈모사우루스의 몸길이는
3.5미터, 무게는 거의 1톤이었어.

공기 호흡

어룡은 오늘날의 돌고래나 고래처럼
규칙적으로 물 표면으로 올라가서 숨을 쉬었어.
오프탈모사우루스의 콧구멍은 머리 꼭대기에
있어서 머리를 물 바깥으로 내밀지 않고도
숨을 쉴 수 있었지.

통째로 삼키기
오프탈모사우루스는 물고기와 오징어, 오징어처럼 생긴 벨럼나이트를 먹었어. 이빨도 없는 부리로 먹잇감들을 사냥한 다음 통째로 삼켰지.

헤엄치는 법
오프탈모사우루스는 강력한 꼬리를 양옆으로 흔들어서 앞으로 나가는 힘을 얻었어. 꼬리에는 반달 모양의 커다란 지느러미가 달려 있었지. 강력한 앞지느러미발로는 방향을 바꾸었어.

가슴우리

강하면서 유연한 등뼈

꼬리 끝은 급격히 아래로 굽어서 꼬리지느러미를 지탱했어.

뒷지느러미발은 작고 약했어.

등지느러미

새끼는 태어날 때 꼬리부터 나와.

타고난 헤엄꾼!
다른 대부분의 파충류와 달리 어룡은 알을 낳지 않았어. 그 대신 물속에 새끼를 낳았지. 돌고래처럼 말이야! 신기하게도 갓 태어난 새끼는 혼자서도 헤엄을 칠 수 있었어. 어미의 배 속에서 충분히 자란 다음에 태어났기 때문이야.

{ 선사 지대 동물뼈 표본 2_동물 보고서 }

어룡

거대한 해양 파충류였던 어룡은 2억 5,000만 년에서
1억 5,000만 년 전에 살았어.
어룡은 '물고기 도마뱀'이라는 뜻이지.
오프탈모사우루스의 특징에서 살펴본 것처럼,
어룡은 유선형 몸통에, 커다란 지느러미발이
달려 있었어. 그리고 강력한 꼬리의 힘으로
앞으로 헤엄쳐 나갔지.

눈 주변에 고리처럼 생긴 뼈가 나 있어서 커다란 눈을 보호할 수 있었어.

다른 어룡과 달리 쇼니사우루스의 뒷지느러미발은 앞지느러미발만큼 힘이 강했어.

길고 좁은 앞지느러미발

가장 큰 어룡, 쇼니사우루스
쇼니사우루스는 어룡 가운데서 가장 컸어.
몸길이가 거의 15미터에 이르렀지.
턱은 좁고 길었으며, 턱 앞쪽에서만 이빨이 자랐어.

에우리노사우루스

에우리노사우루스의 위턱은 아래턱보다 두 배나 길어서 앞쪽으로 길게 뻗어나와 있었어. 마치 오늘날의 청새치 주둥이와 비슷한 모습이었지. 위턱을 따라서 옆으로 튀어나온 이빨들은 먹이의 살을 베는 무기였어. 그리고 위턱을 쿡쿡 찔러 바다 밑바닥에서 먹이를 찾기도 했어.

{ 청새치를 닮은 에우리노사우루스 }

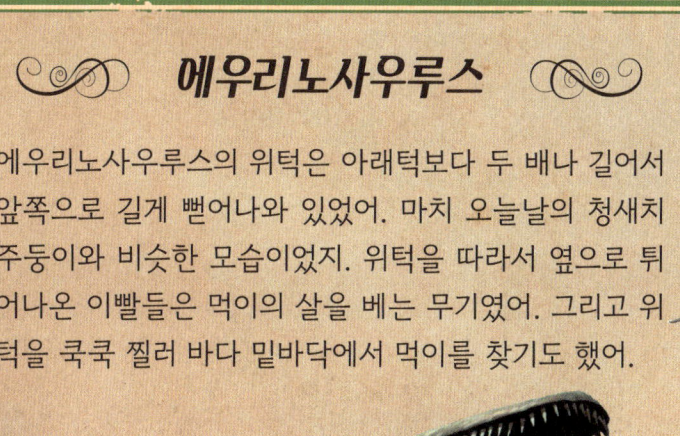

날카로운 이빨

좁고 긴 턱

스테노프테리기우스

스테토프테리기우스는 2억 년 전에 살았던, 머리가 작은 어룡이야. 좁은 지느러미발은 수많은 작은 뼈들로 채워져 있었지.

반구 모양의 등

나보다 작은 어룡 나와 봐!

몸길이가 겨우 1.8미터인 이크티오사우루스는 가장 잘 알려진 어룡이야. 가장 작은 어룡 가운데 하나이기도 하지. 2억 년 전에 살았던 이크티오사우루스 화석은 수백 개나 발견되었어.

바다로 돌아가기

어룡은 육지에 살았던 파충류의 자손이야. 무슨 뜻이냐고? 어룡은 원래 육지에서 태어난 파충류였지만, 점차 진화하면서 바다로 돌아간 거거든. 돌고래와 고래도 마찬가지야. 육지에 살았던 포유류가 물로 돌아간 거지.

{ 선사 시대 동물뼈 표본 3 }

플레시오사우루스

플레시오사우루스는 가장 이른 시기에 살았던 해양 파충류인
수장룡 가운데 하나야. 거의 2억 년 전에 살았지.
빠른 속도로 헤엄치지는 못했지만 커다란 지느러미로 정교하게
몸을 조종했어. 기다란 목으로는 빠르게 헤엄쳐 다니는
물고기들을 사냥했지.

날카로운 이빨

연결된 갈비뼈
배 쪽의 갈비뼈가 어깨뼈와
엉덩뼈에 연결되어 있어서
플레시오사우루스의 짧은 몸을
단단하고 강하게 해 주었어.

길고 강한 목

아래턱

**고개를 쭉~
새 먹잇감을 찾아보자!**

플레시오사우루스의 먹이는
작은 크기에서 중간 크기의
물고기와 오징어였어. 기다란 목을
이용해 물 위쪽 높은 곳까지
고개를 뻗어서 어디 먹을 게 없나
하고 새로운 먹잇감을
탐색했지.

뼈에 붙어 있는 강력한 근육

플레시오사우루스의 어깨뼈와 엉덩뼈는 커다랗고 편편해. 여기에 강력한 근육이 붙어 있어서 지느러미발에 힘을 실어 주었지.

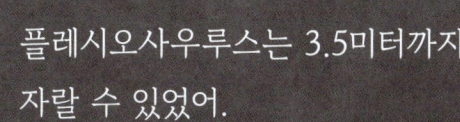

플레시오사우루스는 3.5미터까지 자랄 수 있었어.

긴 등뼈

편편한 엉덩뼈

어떤 과학자들은 플레시오사우루스 꼬리에 지느러미가 있어서 이 지느러미로 방향을 조종했을 거라고 이야기하기도 해.

짧은 꼬리

배쪽 갈비뼈

긴 지느러미발

내리치고 노 젓고

플레시오사우루스는 지느러미발로 물을 위아래로 치면서 헤엄쳤어. 마치 오늘날 거북이 헤엄치듯 말이야. 그리고 긴 목을 노처럼 사용해서 방향을 바꾸었지.

손가락마다 뼈가 9개나 있어서 강하면서도 유연하게 지느러미발을 움직일 수 있었어.

75

{ 선사 지대 동물뼈 표본 3_동물 보고서 }

수장룡

수장룡은 어룡의 친척뻘이야. 아마 육상 파충류에서 진화한 완벽한 해양 파충류였을 거야. 이렇게 큰 동물이 땅 위로 올라오기는 힘들었을 테니까.
수장룡은 허파로 호흡했기 때문에 물속에 있다가 일정 시간이 지나면 물 표면으로 올라가 숨을 쉬어야 했지.

물에서 새끼 낳기
한때는 수장룡들이 땅 위로 올라가 해안에 알을 낳았을 거라고 생각했어. 하지만 수장룡의 다리로는 도저히 몸무게를 견딜 수가 없지. 또 어미 몸속의 빈 공간에서 배아(완전한 생명체가 되기 이전 단계의 생명체)가 발견되었어. 이것은 수장룡이 물에서 새끼를 낳았다는 것을 말해 주지.

바닷속 호랑이
쥐라기 시대에 거대한 수장룡은 바닷속의 호랑이 같은 존재였어. 날카로운 이빨과 강력한 턱으로 작은 수장룡들이나 상어, 어룡 등을 잡아먹었지. 머리는 크고 목은 짧았으며, 몸통이 유선형이어서 빠른 속도로 헤엄칠 수 있었어.

뒷지느러미발이 앞지느러미발보다 컸어.

휘어진 이빨로 걸러 먹기
크립토클리두스의 턱은 휘어진 이빨로 뒤덮여 있었어. 이 이빨을 채처럼 사용했는데, 물을 꿀꺽 삼키면 이빨을 통해 물은 입 밖으로 나가고 새우 같은 먹이만 입안에 남았지.

지느러미발이 된 팔다리

물속에서 살아가려면 팔다리 대신 지느러미발이 필요했어. 그래서 수장룡의 뼈들은 점점 변화되었어. 평평해지고 팔꿈치와 무릎 관절은 움직이지 않도록 고정되었지.

크로노사우루스

{ 지느러미발 뼈 }

뼈로 된 지느러미발
수장룡의 지느러미발은 온통 뼈로 이루어져 있어. 손가락도 5개나 있고. 가운데 있는 가장 긴 손가락 2개는 각각 10개의 뼈로 구성되어 있어.

바다 깊이 잠수하기
고래처럼 생긴 리오플레우로돈은 헤엄도 잘 치고, 잠수 실력도 뛰어났어. 커다란 오징어를 사냥하기 위해 깊은 바다까지 잠수했지. 오늘날의 향유고래처럼 말이야.

티라노사우루스 물렀거라!

수장룡 중에는 크로노사우루스처럼 목이 짧은 것들도 있었어. 그 대신 크로노사우루스는 머리뼈 길이가 2.7미터나 됐지. 크로노사우루스는 모든 수장룡 중에서 가장 컸어. 턱 힘이 얼마나 셌는지 티라노사우루스보다도 강력했어.

{ 선사 시대 동물뼈 표본 4 }

시조새

최초의 새로 알려진 시조새는 약 1억 5,000만 년 전 유럽에서 살았어. 공룡처럼 시조새도 뼈로 된 긴 꼬리가 있었지. 꼬리에는 깃털 장식이 있었는데, 이 깃털로 덮인 꼬리는 시조새가 공기를 가로질러서 활강하는 것을 도왔을 거야.

미끄러져 내려가기
오늘날의 새들과는 달리, 시조새의 가슴뼈는 크지 않았어. 이것은 시조새가 날개를 퍼덕이며 하늘을 날아다닌 것이 아니라, 날개를 약하게 펄럭이기만 했다는 것을 뜻해. 시조새는 주로 미끄러져 내려가듯 활강을 했거든.

꼬리

깃털로 덮인 긴 꼬리

활강하며 먹이 찾기
시조새는 그리 잘 날지 못했어. 발톱을 이용해 높은 나무에 올라가 아래로 뛰어내렸지. 그러고는 바람을 타고 하늘을 날며 곤충 같은 먹잇감을 찾았어.

길고 가는 다리뼈

길고 가는 다리
시조새의 다리는 길고 가늘었어. 발에는 발가락이 4개 있는데, 3개는 앞쪽을 향하고 있고 하나는 뒤쪽을 향해 있었지.

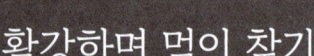

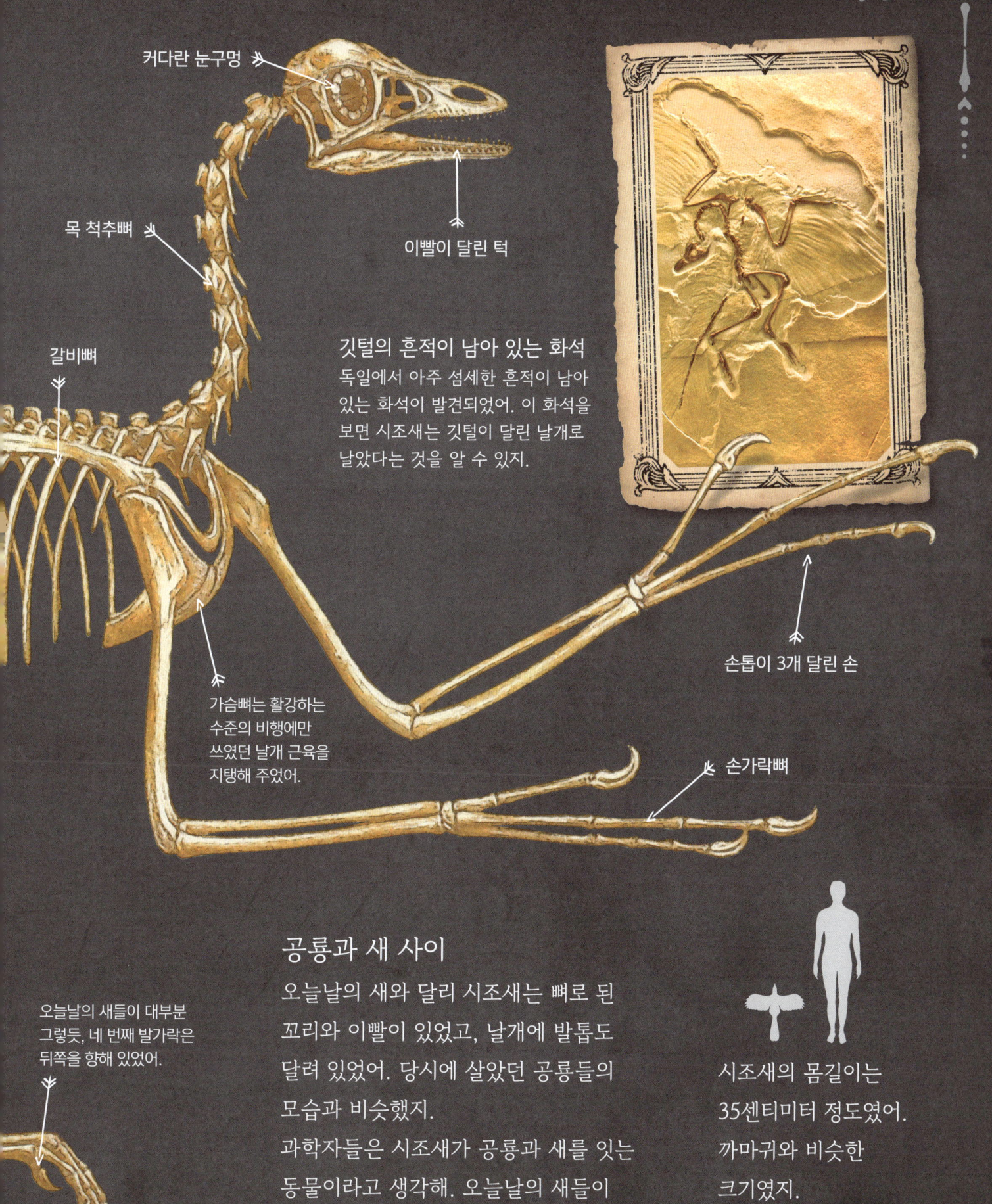

커다란 눈구멍

이빨이 달린 턱

목 척추뼈

갈비뼈

깃털의 흔적이 남아 있는 화석
독일에서 아주 섬세한 흔적이 남아 있는 화석이 발견되었어. 이 화석을 보면 시조새는 깃털이 달린 날개로 날았다는 것을 알 수 있지.

손톱이 3개 달린 손

가슴뼈는 활강하는 수준의 비행에만 쓰였던 날개 근육을 지탱해 주었어.

손가락뼈

오늘날의 새들이 대부분 그렇듯, 네 번째 발가락은 뒤쪽을 향해 있었어.

공룡과 새 사이

오늘날의 새와 달리 시조새는 뼈로 된 꼬리와 이빨이 있었고, 날개에 발톱도 달려 있었어. 당시에 살았던 공룡들의 모습과 비슷했지.
과학자들은 시조새가 공룡과 새를 잇는 동물이라고 생각해. 오늘날의 새들이 수각류 공룡에서 진화했다는 것을 보여 주기도 했지.

시조새의 몸길이는 35센티미터 정도였어. 까마귀와 비슷한 크기였지.

{ 선사 지대 동물뼈 표본 4_동물 보고서 }

초기 조류

오늘날의 모든 조류는 시조새 같은 생명체에서 진화했어.
결국 새들은 모두 수각류 공룡의 후손이되기도 하는 거지.
초기 조류는 익룡처럼 하늘을 나는 거대한 동물들과
같은 하늘에서 생활했어. 그리고 지난 1억 5,000만 년 동안
많은 새로운 새들이 진화했어.

짧고 두꺼운 목

달리는 새
네오카타르테스는 오늘날의
뱀잡이수리처럼 생겼어.
거의 날지는 않았고, 사냥을
할 때는 발톱으로 먹이를
찍어서 죽였어.

커다랗고 강력한 부리

숨어 있다가 먹잇감 공격하기
5,000만 년 전에 육지에서 가장 컸던
동물은 날지 못하는 새인 가스토르니스야.
부리가 엄청나게 크고, 발톱이 날카로웠지.
키는 1.8미터가 넘었어. 몸이 너무 무겁다
보니 빨리 움직이지는 못했어.
그래서 아마 숨어 있다가 작은 포유류를
공격했을 거야.

뾰족뒤쥐처럼 생긴
렙틱티디움이
가스트로니스의 공격을
받고 있어.

맹금류

날카로운 발톱과 부리로 사냥하는 육식성 조류를 '맹금류'라고 해. 지난 5,000만 년 동안 맹금류가 널리 퍼졌어. 맹금류는 발톱으로 먹이를 잡고, 고리처럼 휘어진 부리로 살점을 뜯어 내지. 하스트독수리는 커다란 독수리처럼 생긴 맹금류였는데 날개폭이 3미터나 되었어. 뉴질랜드에 살았던 유일한 포식자였는데 300년 전에 멸종했어.

가스토르니스의 날개는 너무 작아서 나는 데 아무 쓸모가 없었지.

짧은 꼬리

비행 선수 바닷새!

7,000만 년 전에 살았던 이크티오르니스는 바닷가에서 물고기를 잡아먹던 새야. 이름도 '물고기 새'라는 뜻이지. 작고 뾰족한 이빨이 있었다는 점만 빼면 오늘날의 바다제비갈매기와 닮았어. 먼 거리를 여행할 수 있을 정도로 비행을 잘했어.

넓적한 발

81

{ 선사 시대 동물뼈 표본 5 }

스밀로돈

스밀로돈은 고양잇과 동물로, 칼처럼 생긴 강력한 이빨이 발달했어. 1만 년 전 마지막 빙하기가 끝날 때까지 북아메리카와 남아메리카의 숲에서 살았어. 이 말은 곧, 아메리카 대륙에 처음 정착한 인류는 이 무서운 포식자와 맞닥뜨릴 수밖에 없었다는 뜻이지.

어깨뼈

칼처럼 생긴 이빨
날이 휘어진 칼처럼 생긴 이빨을 '검치'라고 해. 스밀로돈의 검치는 위턱에서 자라 뒤쪽을 향해 있었지. 이 이빨에 물리면 깊고 치명적인 상처가 생겼을 거야.

강력한 근육이 강한 목을 지탱했어.

크게 벌어지는 턱

검치

입을 크게 벌리기
스밀로돈은 턱이 아주 크게 벌어졌어. 검치를 먹잇감의 살 깊숙이까지 박을 수 있었지.

매복 사냥꾼
이 고양잇과 동물은 숲과 덤불이 우거진 지역에 살았어. 그 속에 몸을 숨기고 있다가 먹잇감을 발견하면 슬금슬금 다가가서 펄쩍 뛰어올랐어. 먹잇감이 놀라서 허둥대면 그때 힘껏 달려들었지.

스밀로돈의 몸길이는 1.5미터였고
몸무게는 270킬로까지 나갔어.
사자만 한 크기지.

큰 먹이 사냥하기

스밀로돈은 들소처럼 크고 느린
동물을 주로 사냥했어.
힘세고 커다란 몸으로 먹잇감에
돌진해 땅바닥에 넘어뜨린 다음
검치를 깊이 박고 숨통을 단번에
끊어 죽였지.

엉덩뼈에는 커다란
근육이 붙어 있어서
점프를 잘했어.

유연한 척추

꼬리는 대부분의
고양잇과 동물보다 짧았어.

탄탄한 몸통
스밀로돈은 오늘날의
고양잇과 동물보다도 몸이
훨씬 튼튼했어. 하지만
아마 사자나 호랑이처럼
재빠르지는 못했을 거야.

다리는 짧고 굵었어.

넓적한 발

날카로운 발톱

{ 선사 지대 동물뼈 표본 5_동물 보고서 }

큰 이빨의 사냥꾼

스밀로돈에서도 살펴보았듯이 기다랗고 휘어진 송곳니, 즉 검치가 초기 고양잇과 동물들의 특징이야. 이 이빨은 옛날 유럽에서 말 타는 기병들이 사용했던 '사브르 검'처럼 생겼다고 해서 '사브르 이빨'이라고도 해. 우리나라에서는 이 큰 이빨의 사냥꾼들을 '검치호랑이'라고 부르지. 검치호랑이는 한때 전 세계에 퍼져 살았지만 마지막 빙하기가 끝날 무렵에 모두 죽고 말았어.

초승달을 닮은 이빨, 시미타고양이

시미타고양이는 이빨이 언월도 모양으로 생긴 검치호랑이야. 언월도는 초승달처럼 생긴 큰 칼이지. 다른 검치호랑이들보다 검치가 짧고 평평해. 뒷다리가 앞다리보다 짧아서 오늘날의 하이에나와 몸이 비슷해 보여.

 님라부스

지구 상에 고양이를 닮은 동물이 등장한 것은 4,000만 년 전이야. 처음에 검치호랑이로 알려졌지만, 결국 가짜 검치호랑이로 판명된 님라부스가 바로 고양이의 조상이야. 님라부스의 위쪽 송곳니는 나중에 등장하는 진짜 검치호랑이보다는 작고 오늘날의 고양이보다는 커. 님라부스는 새와 작은 포유류를 잡아먹었어.

{ 최초의 고양이, 님라부스 }

벽화의 주인공, 동굴사자

약 2,000년 전까지 유럽에서 살았던 동굴사자는 지금까지 살았던 모든 고양잇과 동물 가운데 가장 컸어. 몸길이가 3.5미터가 넘게 자랐지. 동굴 벽화에도 등장하는 것을 보면 선사 시대 사람들이 숭배했던 동물이었던 것 같아.

이빨의 길이는 15센티미터 정도였어.

머리가 갑자기 아래로 쏠려도 버틸 수 있을 정도로 몸통이 탄탄하게 발달했어.

허리가 유연해서 뛰어올라 다른 동물을 확 덮칠 수 있어.

다리 힘이 무척 강해서 짧은 거리를 돌진할 수 있었어.

단검처럼 생긴 이빨, 메간테레온

300~200만 년 전에 지중해 일대에서 살았던 메간테레온의 송곳니는 길이가 짧은 칼인 단검처럼 생겼어.

{ 선사 시대 동물뼈 표본 6 }

긴털매머드

긴털매머드는 크기와 모습이 오늘날의 코끼리와 비슷했어.
식물을 먹고사는 초식 포유류였지.
이 동물은 아시아와 아프리카, 북아메리카의
추운 툰드라 지역에서 살았어.
툰드라는 북반부의 극지방에
펼쳐진 얼어붙은 땅을 말해.
긴털매머드는 약 1만 년 전
마지막 빙하기가 끝나 갈
무렵에 모두 멸종했어.

아주 강하고
구부러지지 않는 허리

골반

가슴우리는 몸속의
중요한 기관들을
보호해.

긴털매머드의 키는 약 2.7미터였고
몸무게는 4.5톤까지 나갔어.
수컷이 암컷보다 조금 컸지.

굵은 다리로
무거운 몸을
지탱했어.

넓적한 발가락

반구 모양 머리

대단한 먹보
긴털매머드는 풀과 덤불, 나무를 먹었어. 몸집이 큰 어른 긴털매머드는 매일 180킬로그램을 먹어야 했으니, 아마도 하루에 스무 시간도 넘게 먹이를 찾아 다녔을 거야.

머리뼈는 크고 단단해서 코를 조종하는 근육을 지탱하기 충분했어.

거대한 엄니
긴털매머드의 휘어진 엄니는 아주 길었어. 무려 3미터까지 자랐지. 엄니는 위턱에서 자라난 이빨이 변형된 거야. 평생 동안 자라났지.

먹이를 으깨는 커다란 이빨 4개

음~ 따뜻하다!
긴털매머드는 추운 지역에 살았지만 문제없었어. 온몸에 털이 두 겹으로 뒤덮여 있었거든. 바깥쪽에는 긴 털이, 안쪽에는 짧은 털들이 빽빽하게 나 있었지. 게다가 피부 아래의 두터운 지방층이 체온을 유지해 주었어. 귀가 작고 꼬리가 짧아서 열 손실도 많지 않았지.

가족과 살아가기
긴털매머드는 무리를 지어 이동했어. 나이든 암컷이 무리의 대장이었지.
캐나다에서 발견된 발자국을 보면 어른 매머드를 쫓아가기 위해 달렸던 어린 매머드의 흔적이 남아 있어.

87

{ 선사 지대 동물뼈 표본 6_동물 보고서 }

매머드와 원시 코끼리

오늘날의 코끼리는 '장비류'라고 하는 동물 집단 중에서 유일하게 살아남은 동물이야. 장비류란 코가 기다란 동물들을 뜻해. 장비류 동물들의 코는 무척 예민하고 섬세했어. 아주 작은 물건도 집어 올리고, 땅콩 껍질을 깔 수도 있었거든. 더듬거리며 누군가를 알아보기도 했어.

주걱 엄니로 식물 퍼 먹기

플라티벨로돈은 하루에 꽤 긴 시간을 얕은 강을 헤치며 걸어다녔어. 물에서 자라는 식물을 먹기 위해서였지. 아래턱에서 자란 주걱처럼 생긴 커다란 이빨 2개로 물에서 자라는 식물을 퍼 올려서 먹었어.

빙하기 동물의 멸종

빙하기에 기온이 낮은 지역에서 살아가며 추위에 잘 적응했던 매머드는 마지막 빙하기가 끝나고 기온이 갑작스럽게 올라가면서 멸종했지.

매머드는 쌓여 있는 눈 아래에 있는 식물을 찾기 위해 엄니로 눈을 치웠어.

새끼 매머드

시베리아와 알래스카의 언 땅 속에서 긴털매머드 화석이 발견되었어. 아주 잘 보존된 상태였지. 1977년 러시아에서는 처음으로 새끼 매머드의 몸이 완전한 형태로 발견되었어. 갈색 털이 몸 군데군데에 남아 있는 상태였어. 이 새끼 매머드의 이름은 '디마'야. 4만 년 전에 죽었고, 태어난 지 6개월~1년 정도 된 상태였지.

{ 한 살 정도 된 새끼 매머드 디마의 모습이야. }

등에 툭 솟아오른 혹에는 힘든 시기를 대비해 지방을 저장했어.

아래로 휘어진 엄니
데이노테리움을 좀 봐. 어딘가 좀 어색하지? 바로 엄니야. 아래턱 끝에서 자란 데이노테리움의 엄니는 아래쪽으로 휘어져 있거든. 아마 이 엄니로 나무껍질을 벗겼을 거야.

기둥처럼 생긴 다리

매머드의 위장은 아주 컸어. 질긴 식물을 소화시켜야 했거든.

코끼리처럼 매머드도 넓적한 발가락으로 걸었어.

89

{ 공룡과 선사 시대 동물 뼈 표본 부록_연대표 }

연대표

앞에서 여러 시대가 등장했지? 지금부터 연대표를 보면서 지난 2억 5,000만 년 동안 생명이 어떻게 발전했는지 따라가 보자. 이 시기에 지구의 모습은 극적으로 변했어. 한때는 '판게아'라고 하는 거대한 대륙이었다가 지금 우리가 알고 있는 대륙과 대양으로 갈라졌지.

트라이아스기	쥐라기
2억 5,200만~ 2억 100만 년 전	2억 100만~1억 4,500만 년 전
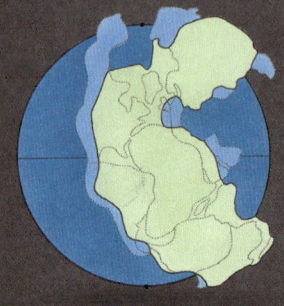 판게아가 분리되기 시작했어. 최초의 공룡과 익룡이 지구 상에 등장한 것도 이 시기야.	 새로운 대륙이 형성되면서 사막이 우림으로 변했어. 거대한 공룡이 육지를 지배했고, 최초의 새도 나타났지.

단궁류

쇼니사우루스   에우리노사우루스

플레시오사우루스

악어형류

디모르포돈

스테고사우루스

살토푸스

시조새   알로사우루스

대멸종

공룡과 다른 거대 동물들은 6,600만 년 전에 멸종했어. 운석이 지구와 충돌해서 갑자기 날씨가 추워졌거든.

백악기	신생대
1억 4,500만~6,600만 년 전	6,600만 년 전~현재

 오늘날의 대륙과 같은 모습이 보이기 시작했어. 꽃이 피는 식물과 태반 포유류가 나타났어.

 운석과 충돌한 뒤 날씨가 추워졌어. 거대한 파충류들이 사라지고 작은 포유류와 새들이 그 자리를 차지했지.

- 거북
- 포유류 (님라부스, 긴털매머드)
- 어류
- 수장룡 (크로노사우루스)
- 도마뱀
- 뱀
- 악어
- 익룡 (프테라노돈)
- 조반류 공룡 (이구아노돈)
- 용반류 공룡 (티라노사우루스)
- 조류 (네오카타르테스)

{ 공룡과 선사 시대 동물 뼈 표본 부록_화석 }

화석

오늘날 우리는 화석을 통해서 고대의 생명체에 대해 알 수 있어. 화석은 동물의 잔해가 바위 속에 보존된 거야. 대개 뼈처럼 몸의 단단한 부분만 화석이 되지만 때로는 똥이나 발자국도 화석으로 남기도 해.

화석이 만들어지는 과정

대부분의 시체는 화석이 되지 않아. 뼈가 젖은 진흙에 파묻히는 등 여러 가지 조건이 딱 맞았을 때만 화석이 되지.

1. 청소부 동물이 죽은 공룡의 시체를 먹고 나면 공룡의 뼈대만 남아.

2. 공룡 뼈대가 호수 바닥의 진흙 속에 가라앉아.

3. 오랜 시간이 지나면서 뼈대 위로 진흙이나 모래 등의 퇴적물이 쌓여. 압력을 받은 퇴적물이 굳어서 암석이 되지.

공룡 발자국 화석

때로는 젖은 진흙에 찍힌 공룡의 발자국이 암석이 되어서 화석으로 남기도 해. 이것을 '흔적 화석'이라고 하지. 발자국을 보면 공룡이 두 발로 걸었는지 네 발로 걸었는지, 얼마나 빠른 속도로 이동했는지, 무리를 지어서 살았는지 아니면 혼자 살았는지 등 공룡들의 생활 모습을 추측할 수 있어.

4. 공룡 뼈대는 점차적으로 뼈 조직이 미네랄로 바뀌면서 화석이 돼. 한편 층층이 쌓인 퇴적층이 물 밖으로 솟아오르고, 침식 작용으로 지층이 깎이면서 암석이 부서져 나가지.

똥도 화석이다!

화석이 된 똥을 '분석'이라고 해. 분석을 보면 공룡이 무엇을 먹었는지 알 수 있지. 티라노사우루스의 분석에서 작은 뼛조각이 발견되었는데, 이것을 보면 티라노사우루스가 먹이를 어떻게 으스러뜨렸는지 알아낼 수 있어.

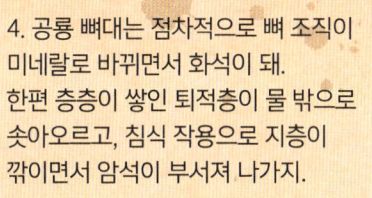

화석 찾기

화석은 오래된 채석장이나 절벽 아래 떨어진 암석 부스러기, 암석층이 부서져 떨어져 나가서 뼈가 드러날 만한 곳에서 발견돼.

5. 화석이 된 뼈가 드러났어!

용반류와 조반류

공룡 화석을 연구한 과학자들은 공룡을 크게 용반류와 조반류, 두 무리로 구분했어. 용반류는 '도마뱀 엉덩이를 가진 공룡'이라는 뜻이고, 조반류는 '새의 엉덩이를 가진 공룡'이라는 뜻이야. 두 무리의 주요 차이점은 골반에 있어. 용반류의 경우 궁둥뼈(좌골)와 두덩뼈(치골)의 방향이 달라. 조반류의 경우에는 궁둥뼈와 두덩뼈의 방향이 같지.

{ 용반류 공룡 오르니톨레스테스 }

{ 조반류 공룡 이구아노돈 }

두덩뼈

궁둥뼈

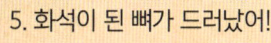
 궁둥뼈
 두덩뼈

93

용어 해설

골반
척추와 뒷다리를 연결하는 뼈 구조. 공룡은 파충류의 골반을 가진 용반류와 조류의 골반을 가진 조반류, 두 무리로 나뉜다.

공룡
지구에 살았던 생명체 중에 가장 오랫동안 번성한 육상 동물. 2억 3,000만 년 전에 등장하여 백악기 말에 멸종하였는데, 어떤 이유로 멸종됐는지는 정확히 밝혀지지 않고 있다.

단궁류
원시적인 형태의 생물로 포유류와 파충류의 조상이라고 여겨진다. 하지만 파충류보다는 포유류와 더 많은 공통점을 가지고 있어서, 보통 포유류의 조상이라고 한다. 멸종되어 오늘날에는 찾을 수 없다.

멸종
한 종류의 생명체가 지구 상에서 완전히 사라지는 것. 동물이든 식물이든 후손을 남기지 못하고 모조리 죽어 없어지는 것을 말한다. 수많은 종류의 생물이 한꺼번에 멸종되는 사건을 '대멸종'이라고 부른다. 공룡 역시 중생대 말에 대멸종으로 지구 상에서 사라졌다.

박테리아
지구에 최초로 발생한 생물. 눈으로 보이지 않는 작은 단세포 생물이며, 세균이라고도 한다. 흙이나 물속 같이 외부 환경에 살기도 하지만 동물의 몸속에 살기도 한다.

백악기
1억 4,500만 년 전에서 6,600만 년 전 사이의 지질 시대. 많은 종류의 식물과 공룡이 살았으며, 포유류와 조류도 발생했다.

석탄기
3억 5,000만 년에서 2억 9,900만 년 전 사이의 지질 시대. 이때 세계 곳곳에 식물이 많아졌다. 이 시기에 죽은 식물들이 땅에 묻혀 오랜 세월 열과 압력을 받아 석탄이 되었다. '석탄이 만들어진 시기'라는 뜻에서 석탄기라고 부른다.

수각류
주로 육식을 했던 사나운 공룡 무리. 파충류의 골반을 가진 용반류 육식 공룡 무리를 말한다. 오늘날의 새들은 수각류 공룡에서 진화했다.

수장룡
지느러미발을 이용해서 헤엄을 친 거대 해양 파충류. 오늘날의 거북과는 달리 새끼를 바닷속에서 낳았다.

시체 청소부
자연적으로 또는 포식자에 의해 죽은 동물의 시체를 먹는 동물.

신생대
지질 시대 구분에서, 생명이 탄생하고 발달한 고생대, 공룡이 지구를 지배한 중생대를 지나 6,600만 년 전부터 지금까지를 일컫는 말. 포유류, 조류, 곤충, 꽃이 피는 식물과 어류가 다양해졌으며, 발달된 형태로 진화하였다.

쌍안시
얼굴 앞을 향해 있는 두 눈으로 같은 물체에 초점을 맞추는 시각. 쌍안시는 정확한 거리를 판단하게 도와줘서 포식자에게 중요하다.

양서류
물과 땅에서 모두 살 수 있는 동물. 대부분의 양서류들은 물에 사는 유생으로 시작해서 어른이 된 다음에 땅에 나타난다.

어룡
꼬리로 헤엄쳤던 거대 해양 파충류 무리. 알을 낳지 않고 살아 있는 새끼를 물에서 낳았다.

용각류
목과 꼬리가 길고 덩치가 큰 초식, 혹은 잡식 공룡. 쥐라기에서 백악기까지 번성하였다.

용반류
파충류의 골반을 가진 공룡. 여기에는 용각류 초식 공룡과 티라노사우루스 같은 몇몇 육식 공룡이 포함된다.

운석
우주에서 날아와서 지구에 충돌하는 암석.

익룡
하늘을 난 파충류 무리. 익룡의 날개는 박쥐의 날개처럼 얇은 피부막으로 되어 있다.

조반류
새의 골반을 가진 공룡. 조반류 공룡은 모두 초식성이다. 이구아노돈과 하드로사우루스가 포함된다.

종
한 종류의 생명체. 같은 종의 구성원은 서로 매우 비슷하게 생겼으며 짝짓기를 해서 후손을 남긴다.

쥐라기
2억 100만 년에서 1억 4,500만 년 전 사이의 지질 시대. 거대한 공룡이 육지를 지배했다.

진화
조상으로부터 후손에게 한 종의 특성이 점점 발달되며 전달되는 것. 세대를 거듭하면서 환경에 적응하기 위한 변화가 일어나고, 그것이 후손들에게 전달되어 생김새가 변한다. 환경에 잘 적응한 종이 살아남고, 적응하지 못한 종은 서서히 사라진다.

척추동물
척추가 있는 동물. 척추는 등뼈, 목뼈, 꼬리뼈를 포함하는 몸의 중심이 되는 뼈대다. 포류, 조류, 어류, 파충류, 양서류는 모두 척추동물이다.

캄브리아기
5억 4,100만 년에서 4억 8,500만 년 전 사이의 지질 시대. 이때 비로소 바다에 복잡한 생명이 널리 퍼졌다.

트라이아스기
2억 5,200만 년에서 2억 100만 년 전 사이의 지질시대. 이때 최초의 공룡이 지구에 등장했다.

파충류
피부가 비늘로 덮인 동물 집단. 대부분 껍질과 막으로 둘러싸인 알을 낳는다. 공룡과 어룡 그리고 익룡은 모두 파충류다. 현재 살고 있는 파충류에는 악어와 도마뱀 등이 있다.

판게아
약 2억 4,000만 년 전에 형성된 거대한 대륙. 여기에는 지구의 모든 대륙이 다 포함되었다. 트라이아스기와 쥐라기에 갈라지기 시작했다.

페름기
2억 9,900만 년에서 2억 5,200만 년 전 사이의 지질시대. 이때 판게아가 형성되었으며, 석탄기의 숲 가운데 많은 부분이 사막으로 변했다.

포유류
피가 따뜻하고 몸에 털이 난 동물 집단. 암컷 포유류는 피부에 있는 젖샘에서 나오는 젖을 새끼에게 먹인다. 젖먹이 동물이라고도 한다.

화석
동물이나 식물의 잔해가 땅 속에 묻혀 오랜 세월 동안 열과 압력을 받으면서 암석에 그대로 남은 것.

찾아보기

ㄱ
가스토르니스 80, 81
가슴우리 14, 19, 43, 47, 50, 54, 71, 86
갈리미무스 4, 14, 15
검치호랑이 84
고양잇과 동물 82, 83, 84, 85
골판 30, 31, 32, 54, 57, 65
기간토사우루스 38, 39, 40, 41
기간트스피노사우루스 33
긴털매머드 86, 87, 88, 91
꼬리 곤봉 55, 57
꼬리지느러미 71

ㄴ
나우틸로이드 7
네오카타르테스 80, 91
님라부스 84, 91

ㄷ
다세포 6
단궁류 9, 90, 94
단세포 6, 94
대멸종 91, 94
데이노니쿠스 21
데이노테리움 89
동굴사자 85
돛 9, 25, 40
뒷지느러미발 71, 72, 76
드로마에오사우루스 18, 19, 20, 21
디메트로돈 8, 9
디모르포돈 68, 90
디크라에오사우루스 64
디키노돈 9
디플로도쿠스 62, 63

ㄹ
람베오사우루스 4, 26, 27
렙토케라톱스 48, 49, 53
로베르티아 9
리오플레우로돈 77
리카에놉스 9

ㅁ
마멘키사우루스 64
마이오사우라 28

마푸사우루스 41
매복 사냥꾼 82
맹금류 81
메간테레온 85
메갈로사우루스 44, 45
목 긴 공룡 64
목뼈(프릴) 48, 49, 50, 51, 52
몬타노케라톱스 53
무악어류 6
무타부라사우루스 25
미생물 6
미크로랍토르 20
미크로케라톱스 49

ㅂ
바가케라톱스 49
바다전갈 7
박치기 공룡 60
박테리아 6, 94
백악기 16, 33, 34, 35, 36, 52, 68, 91, 94, 95
벨렘나이트 71
벨로키랍토르 20, 21
볏 26, 27, 29, 43, 52, 53, 66, 68, 69
볏공룡 52, 53
부리 26, 32, 46, 48, 51, 53, 56, 57, 59, 68, 69, 70, 71, 80, 81
빙하기 82, 84, 86, 88
뿔 26, 43, 46, 48, 49, 50, 51, 52, 53, 54, 57
뿔공룡 46, 48, 49, 52, 53

ㅅ
사르코수쿠스 24
사방산호 7
사우로르니톨레스테스 20
사이카니아 56
산호 6
살타사우루스 65
살토푸스 12, 13, 90
삼엽충 6
석탄기 8, 94, 95
선사 시대 5, 6, 8, 66, 68, 70, 72, 74, 76, 78, 80, 82, 84, 85, 86, 88, 90, 92, 94
수각류 14, 15, 79, 80, 94

수장룡 74, 76, 77, 91, 94
스밀로돈 82, 83, 84
스켈리도사우루스 32
스테고사우루스 30, 31, 32, 33, 55, 90
스테노프테리기우스 73
스트로메나 7
스트루티오미무스 16
스트릭토프렐라 6
스피노사우루스 25, 33, 40, 41
시미타고양이 84
시아모티라누스 37
시조새 78, 79, 80, 90
시클로네마 7
신생대 8, 91, 94
쌍안시 36, 94

ㅇ
아래턱뼈 66
아르칸토사우루스 41
아크로칸토사우루스 41
아파토사우루스 42, 65
안킬로사우루스 54, 55, 56, 57
안항구에라 66, 67
알로사우루스 37, 42, 43, 45, 62, 90
앞지느러미발 70, 71, 72, 76
양서류 8, 9, 12, 94, 95
양추아노사우루스 32, 33, 45
양치류 31, 48
어룡 70, 71, 72, 73, 76, 94, 95
어류 6, 8, 91, 94, 95
엄니 87, 88, 89
에오아르카리아 41
에우리노사우루스 73, 90
에우오플로케팔루스 57
엔도세라스 6
엘라프로사우루스 17
오르니토미무스 16
오르니톨레스테스 10, 11, 12, 93
오리 주둥이 공룡 26, 28, 29
오우라노사우루스 24, 25, 40
오프탈모사우루스 70, 71, 72
용각류 33, 38, 62, 64, 65, 95

용반류 91, 93, 94, 95
운석 91, 95
위석 17, 64
육식 공룡 14, 25, 36, 38, 42, 44, 94, 95
이구아노돈 22, 23, 24, 25, 28, 91, 93, 95
이구아노돈트 23, 24, 25, 28
이크티오르니스 81
이크티오사우루스 70, 73
익룡 5, 66, 67, 68, 69, 80, 90, 91, 95

ㅈ
잡식성 15
조류 80, 81, 91, 94, 95
조반류 91, 93, 94, 95
주걱 엄니 88
쥐라기 17, 33, 34, 45, 76, 90, 95
진화 8, 28, 73, 76, 79, 80, 94, 95

ㅊ
척추동물 8, 95, 96
청소부 동물 92
초기 양서류 8
초식 공룡 23, 24, 26, 28, 32, 33, 37, 38, 42, 46, 48, 50, 54, 64, 95
초식성 30, 52, 95

ㅋ
카르카로돈토사우루스 40, 41
캄브리아기 7, 8, 95
캄브리아기 폭발 7
캄프토사우루스 11, 42
케찰코아틀루스 68
코리토사우루스 28, 29
콘카베나토르 41
콤프소그나투스 12, 13
크로노사우루스 77, 91
크립토클리두스 76

ㅌ
타르보사우루스 15
타조 공룡 14, 16, 17
투오지앙고사우루스 32
투푹수아라 68, 69

툰드라 86
트라이아스기 90, 95
트리케라톱스 48, 50, 51, 52
티라노사우루스 34, 35, 36, 37, 38, 45, 53, 55, 57, 77, 91, 93, 95
티타노사우루스 65

ㅍ
파라사우롤로푸스 29
파충류 5, 8, 9, 70, 71, 72, 73, 74, 76, 91, 94, 95
파키케팔로사우루스 58, 59, 60, 61
페름기 8, 9, 95
포유류 5, 9, 12, 20, 22, 73, 80, 84, 86, 91, 94, 95
프레노케팔레 61
프로미시움 7
프로박트로사우루스 24
프로케라토사우루스 45
프로타르카이옵테릭스 12
프로토케라톱스 21
프시타코사우루스 46, 47
프테라노돈 69, 91
프테로다우스트로 69
플라티벨로돈 88
플레시오사우루스 5, 74, 75, 90

ㅎ
하드로사우루스 24, 26, 28, 95
하스트독수리 81
호말로케팔레 61
화석 5, 7, 8, 13, 20, 21, 23, 28, 32, 36, 41, 44, 45, 47, 49, 58, 59, 61, 67, 69, 73, 79, 88, 92, 93, 95
후두류 공룡 60, 61
흔적 화석 92